零基础轻松学

围棋入门

范孙操　陈　启　主编

化学工业出版社

·北京·

图书在版编目（CIP）数据

围棋入门 / 范孙操，陈启主编. —北京：化学工业
出版社，2022.7

（零基础轻松学）

ISBN 978-7-122-41179-2

Ⅰ．①围… Ⅱ．①范… ②陈… Ⅲ．①围棋−基本知识
Ⅳ．①G891.3

中国版本图书馆CIP数据核字（2022）第058129号

责任编辑：宋　薇　　　　　　　　　　责任校对：刘曦阳

出版发行：化学工业出版社（北京市东城区青年湖南街13号　邮政编码100011）
印　　装：大厂聚鑫印刷有限责任公司
710mm×1000mm　1/16　印张13　字数200千字　　2023 年 1 月北京第1版第1次印刷

购书咨询：010-64518888　　　　　　售后服务：010-64518899
网　　址：http:// www.cip.com.cn
凡购买本书，如有缺损质量问题，本社销售中心负责调换。

定　　价：58.00元

序

　　"零基础轻松学"丛书包含围棋、象棋、国际象棋、五子棋等多个分册，内容的选取以棋牌爱好者喜闻乐见的休闲益智项目为主。这套丛书的作者云集了在体校和少年宫从教几十年的金牌教练，从事和研究智力运动的专职体育工作者、教育工作者和资深编辑。他们将自身丰富的专业经验，融入"零基础轻松学"丛书的写作中。

　　对于棋牌类各项目的初学者，能由一本指引性好的图书领进门，更有利于后续发展。本丛书注重讲解基础知识，尤其重视基本功训练，目的无非是让爱好者在向更高阶迈进之前先打下牢固的基础。在写法上则追求启发式，沿着由浅入深、以点带面的线索，举一反三，鼓励独立思考。

　　智力运动可以培养孩子的专注力和自控力，有助于他们脑力发育和快乐成长；对成年人来说，增加一项业余爱好也绝对有益，在修身养性的同时养成正确判断、沉着冷静的好习惯。特别是在当下教育改革推动学业减负之时，对学生综合素质的培养和提升提出了更高的要求，如果忽视了这一点则孩子间的差距可能会越来越大。

　　棋如人生。在一盘棋中，关键的一步下错了，往往导致满盘皆输。人生也一样，经常是那紧要的一两步起了决定性作用。起点虽决定不了终点，但已足以影响一生。

范孙操

前　言

我们写过不少学围棋的书，但本书要求"零基础"，故不得不煞费苦心。

按一般的规律，写书总是要分章节的，譬如这一章是布阵，那一章是战法，把相关联的知识不论深浅地放在一起说。但依我们多年来教孩子学棋的经验，这种写法也有不好的一面，即很难与棋艺水平提高的过程同步。因此，我们尝试以一种新的思路来撰写本书，也就是不再以章节的形式切块分述，而是梳理出一条实际棋力增长的渐进脉络，然后沿着这条线路再列出一个又一个小题目。

本书有如下三个特点。一是多引导少说教，也可以说是图多文字少。我们觉得，以丰富多样的图形去填充初学者的头脑，更利于他们的感性认识和理性理解。二是注重实战练习，练习题的比例超过全书的一半篇幅。希望读者做练习时不要急着去翻看答案，因为只有自己开动脑筋才是能够进步的唯一源泉。三是抓住重点和难点，不追求面面俱到。对重点难点问题单独列题讲解，而对一般性知识只泛泛介绍或点到为止，把侧重点放在初学者最需提高的实战能力上。

愿我们的努力能被广大读者认可。

编者

目 录

1. 围棋是围地的游戏

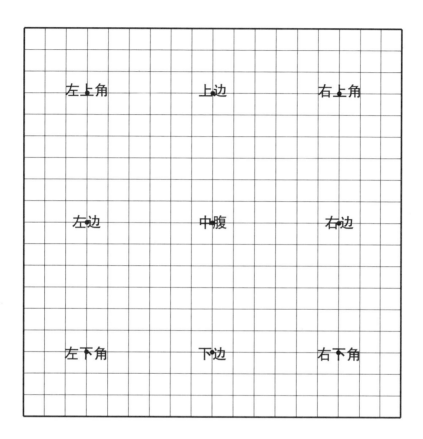

我们先来看看围棋盘。棋盘上面有九个黑点，称"星"，代表了盘上的九个区域。如果从你下棋的方位来说，这九个区域分别是如图所示的左上角、右上角、左下角、右下角、上边、下边、左边、右边和中腹。如果从对方的方位来说，你的左上角就变成了他的右下角，你的上边就变成了他的下边。

也就是说，棋盘上共有四个角、四条边和一个中腹。中腹又叫中央，俗称"肚子"，中央的星称天元。

下棋时，棋子下在线与线的交叉点上。黑方先下，白方后下，一人一手，交替而行。

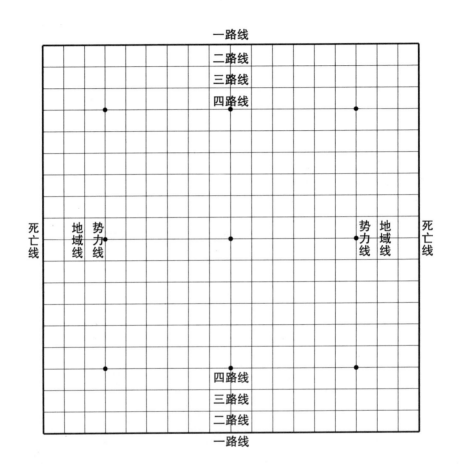

棋盘上最靠边上的一条线叫一路线，也叫死亡线，因为下在一路上的棋子的生命力最弱。以下依次是二路线、三路线、四路线……直至中线。一般说的角和边，其位置都高不过五路线。现在来考考你，刚才不是说了可把盘上的区域分成九个部分吗，那么哪个区域最大呢？当然是中腹了，那是一个"大肚皮"。

三路线又叫地域线，简称地线；四路线又叫势力线，简称势线。这是一个挺重要的概念，表示了地与势之间既相互对抗又协调统一的辩证关系。至于为什么这样称呼，一时半会儿还说不明白，等你下围棋有了一定水平，自然就清楚了。

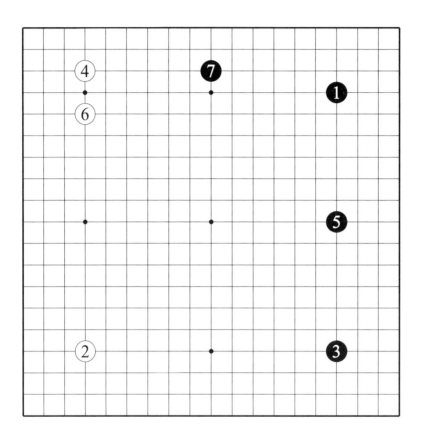

也许你经常看棋手们下棋，他们一上来的几手棋往往如本图这样下，即先占角后占边，而且棋子多下在三路线或四路线上。黑方企图把右上角、右下角以及上边和右边据为己有，白方则企图先占据左上角和左下角。至于他们的企图能否实现，就只有靠实战来解决了。

为什么说围棋是围地的游戏呢？因为围棋最终的胜负，是以双方在盘上所围地盘的大小来决定的。别看本图中黑方开局几手棋气势汹汹，把步子迈得很大，但他所布下的模样距离完全转化成实地，还差得很远。

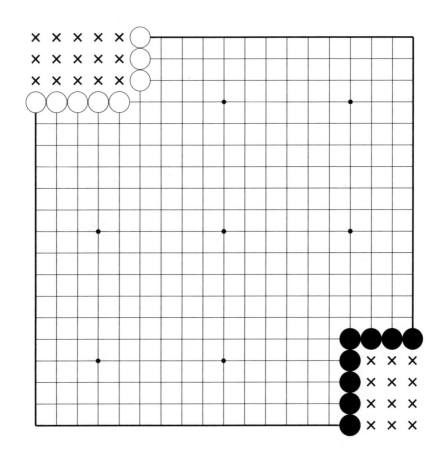

　　那么，什么才是真正的实地呢？如本图，白在左上角围起了一块实地，黑在右下角围起了一块实地，这两块空对方都进不来了。

　　衡量一块空大小的计量单位叫"目"，即每围起一个交叉点为 1 目。左上角白棋围起了多少目？以×为示，共围起了15目。右下角黑棋围起了多少目？以×为示，共围起了12目。

　　也就是说，不管双方在盘上如何争斗，最终都是以尽量自己多围目为目的，因为局终时目数多的一方才是胜利者。

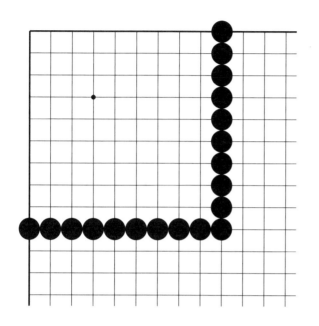

尽量多围目并不代表自己所围的地块越大越好。你看，现在黑棋围起的地盘多大呀，要是都能算目，有九九八十一目呢。

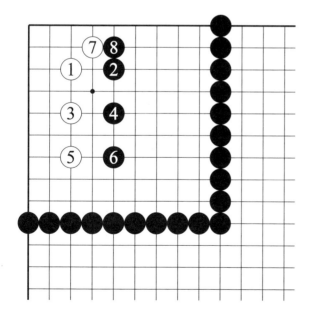

只可惜，地块虽大，但太空虚，白1至白7可轻易活出一块，这个方阵中的很大一部分目数归了白方。

由此可以看出，围地时既要追求大，又要落到实。正是大与实的这对矛盾，让古今中外无数围棋高手们煞费苦心。

2. 气

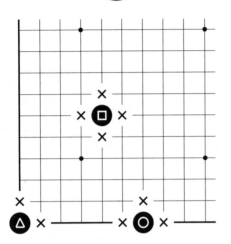

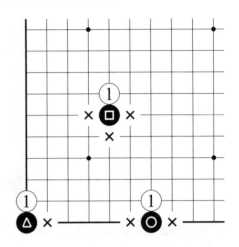

盘上的棋子是靠气生存的。盘角上的黑■子有如×所示两口气，边线上的黑●子有三口气，不处在盘角和边线上的黑■子则有四口气。

白1紧了一口气，黑▲子只剩一口气了，黑●子剩两口气，黑■子则还有三口气。由此可看出，盘角上棋子生命力最弱，边线上的生命力也很弱，其他棋子的生命力就强多了。

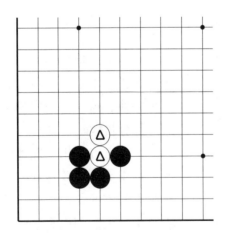

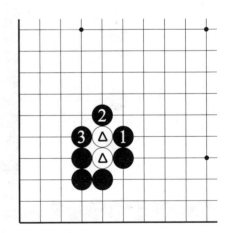

两个棋子连在一起，它们的气也要连在一起来计算。如本图，白△这两个棋子就是连在一起的，这两个白子有多少气呢？

原来，这两个白△子有三口气，黑1、2、3若在此连下三手，就把白子的气都紧上了。

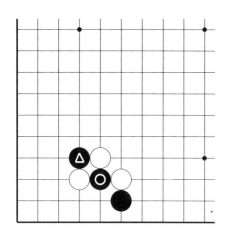

请看一看，黑△和黑◉这两个棋子谁的气多？要是你执黑棋，现在轮你下，该下在哪里呢？

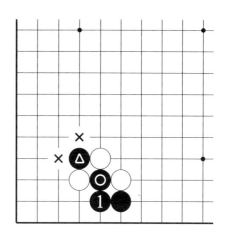

黑1应该先把黑◉这个棋子接上，因为它只剩一口气了。而黑△这个子还有如×所示两口气。

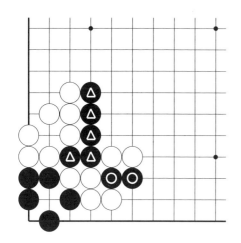

现在，五个黑△子和两个黑◉子分别连在一起。轮黑下，先照顾哪侧的黑子要紧呢？

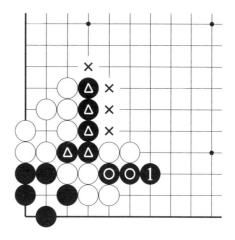

黑1先长出黑◉子要紧，因为这两个黑子只剩两口气了。而五个黑△子相对气多，共有如×所示四口气。

练习题

以下各图中，白△子分别有多少口气?

（1）

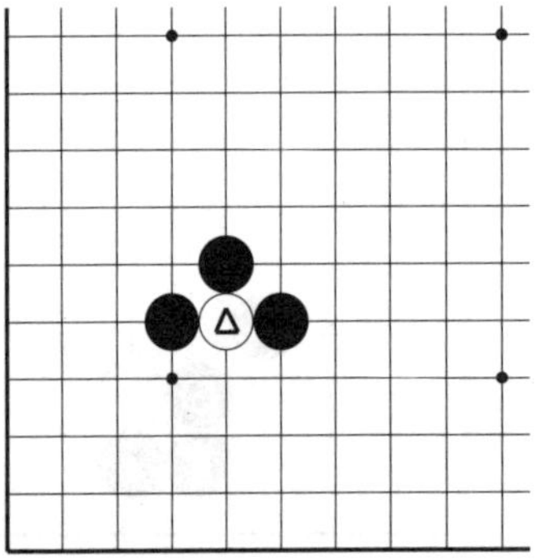

（2）

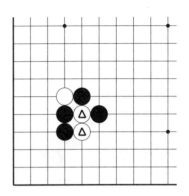

（3）

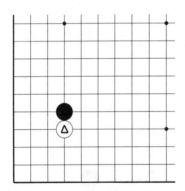

（4）

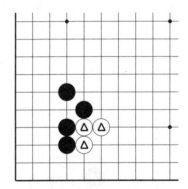

（5）

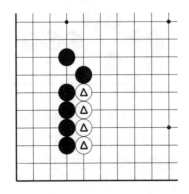

（6）

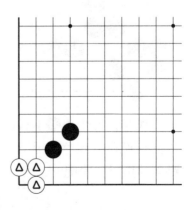

以下各图中，白△子分别有多少口气？你执黑时，请以正确次序紧气。

（7）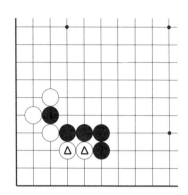

（8）

（9）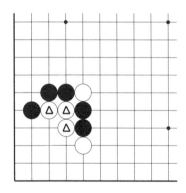

（10）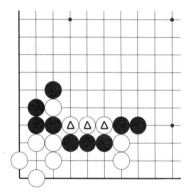

（11）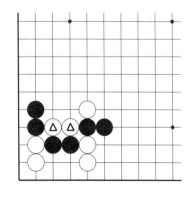

（12）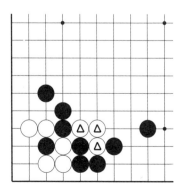

练习题解答

（1）

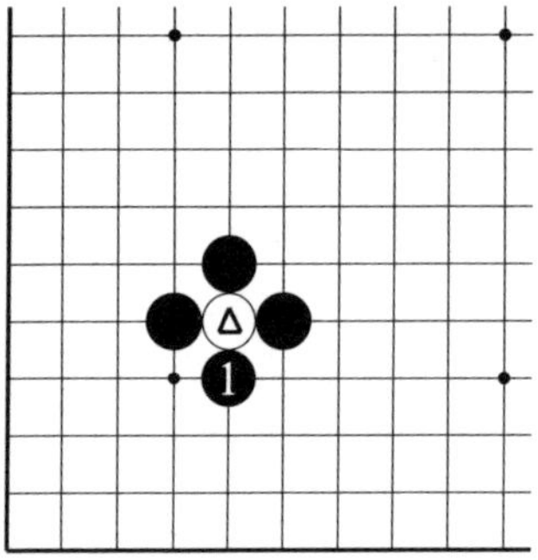

白△一子只有一口气。

（2）

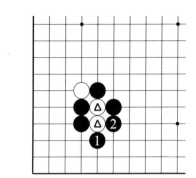

白△二子只有两口气。

（3）

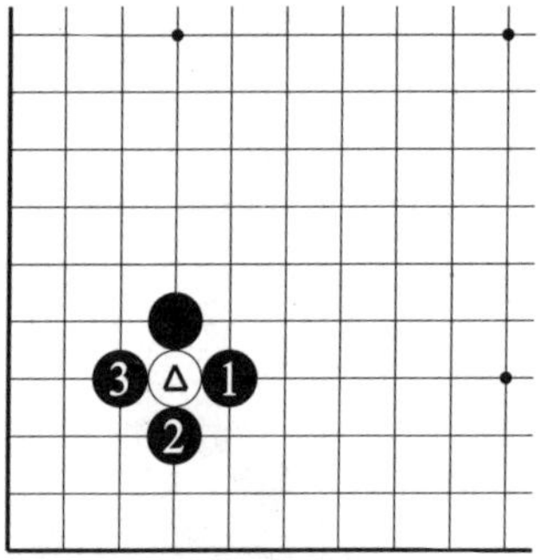

白△一子有三口气。

（4）

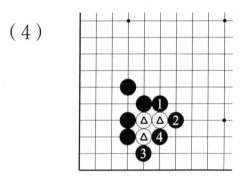

白△三子有四口气。

（5）

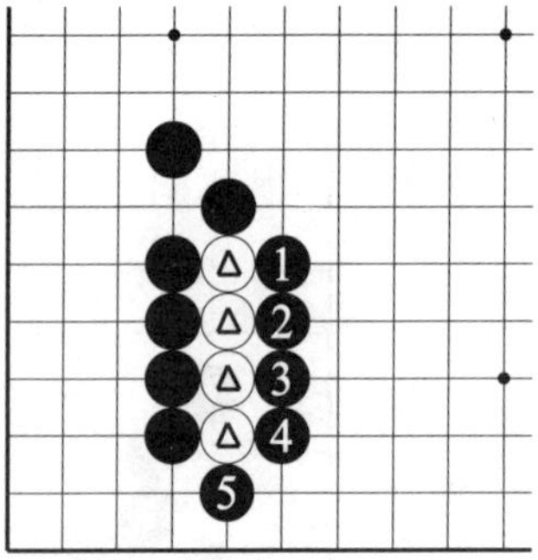

白△四子共有五口气。

（6）

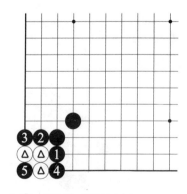

白△三子共有五口气。

（7）

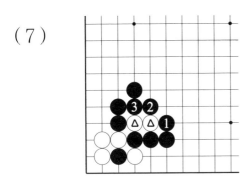

白△二子有三口气。黑
1起是正确的紧气次序。

（8）

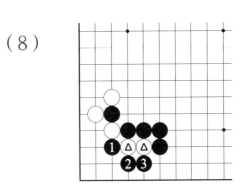

白△二子有三口气。黑
1起是正确的紧气次序。

（9）

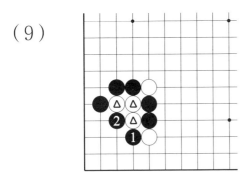

白△三子有两口气。黑
1起是正确的紧气次序。

（10）

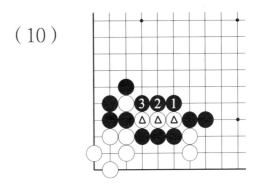

白△三子有三口气。黑
1起是正确的紧气次序。

（11）

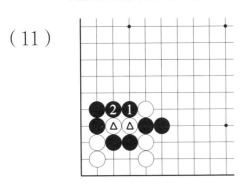

白△二子有两口气。黑
1起是正确的紧气次序。

（12）

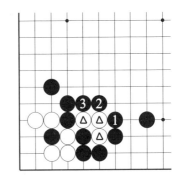

白△三子有三口气。黑
1起是正确的紧气次序。

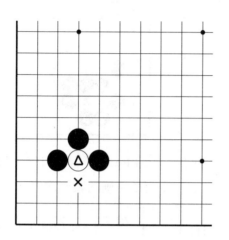

白△一子只剩如×所示一口气了，这种状态称为被打吃。

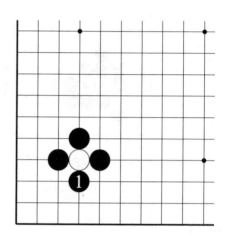

如此时轮黑下，黑1可提，即把一个白子提出盘外。

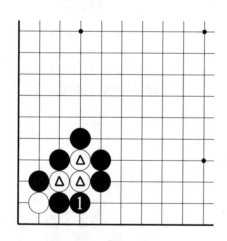

三个白△子是连在一起的，要提也只能一起提。现在黑1正好能把这三个子提掉。

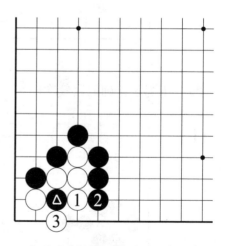

为避免被吃，轮白下时，白1有必要走一手，而且反过来打吃黑△子。当黑2挡时，白3则把黑△子提掉。

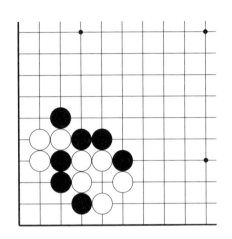

现在该黑下，你仔细看一看，什么地方可以提白子？

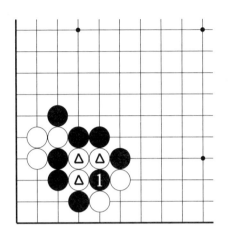

原来，黑 1 可把白⦿三子提掉。像这种地方，黑 1 是可以放进去的。

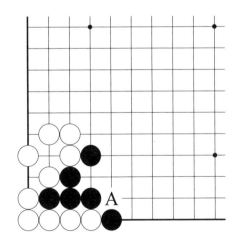

仍轮黑下，眼看 A 位有断点，黑要不要在 A 位补一手呢？

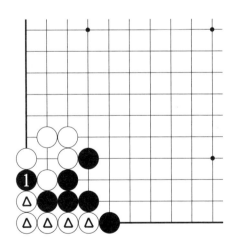

黑才不会浪费大好机会，黑 1 一步棋可把白⦿五子统统提掉，左图所谓的断点也就随之消失了。

练习题

以下各图均为黑先，下哪里可以提去白⊙子？

（1）

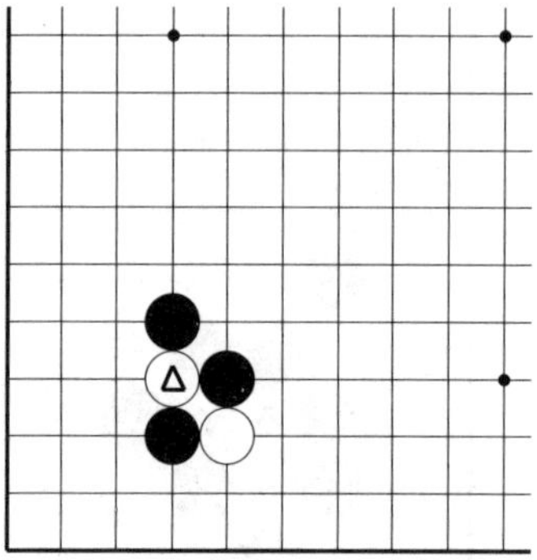

（2）

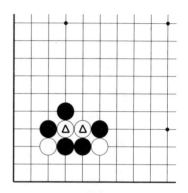

（3）

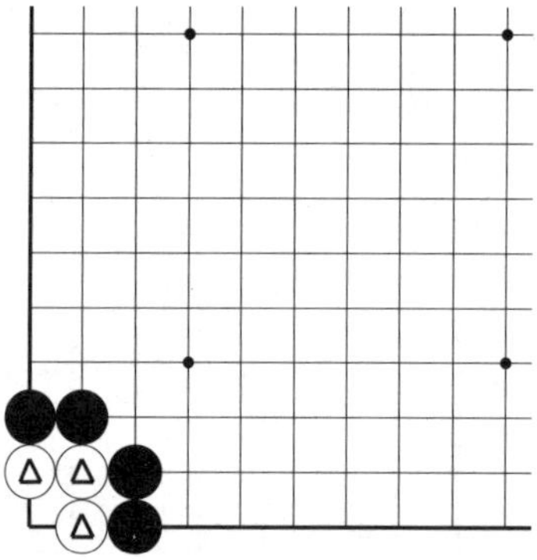

（4）

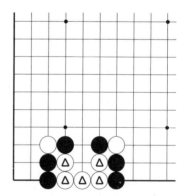

（5）

（6）

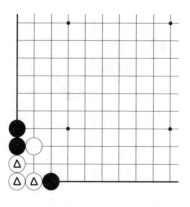

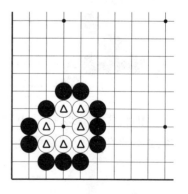

以下各图均为黑先，黑应下在哪里？

（7）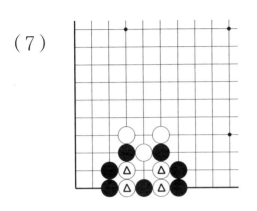

（8）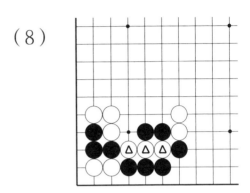

（9）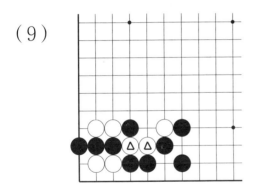

（10）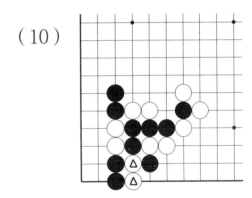

（11）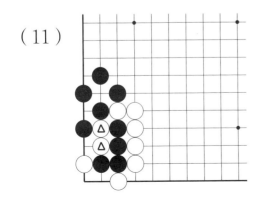

（12）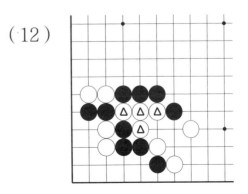

练习题解答

（1）

黑1可提一个白子。

（2）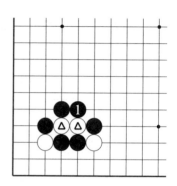

黑1可提两个白子。

（3）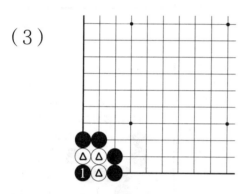

黑1可提三个白子。

（4）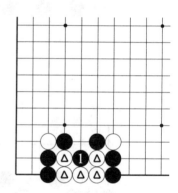

黑1可提五个白子。

（5）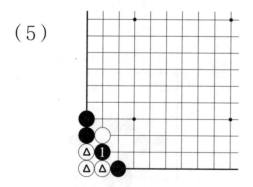

黑1可提三个白子。

（6）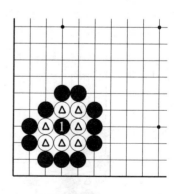

黑1可提七个白子。

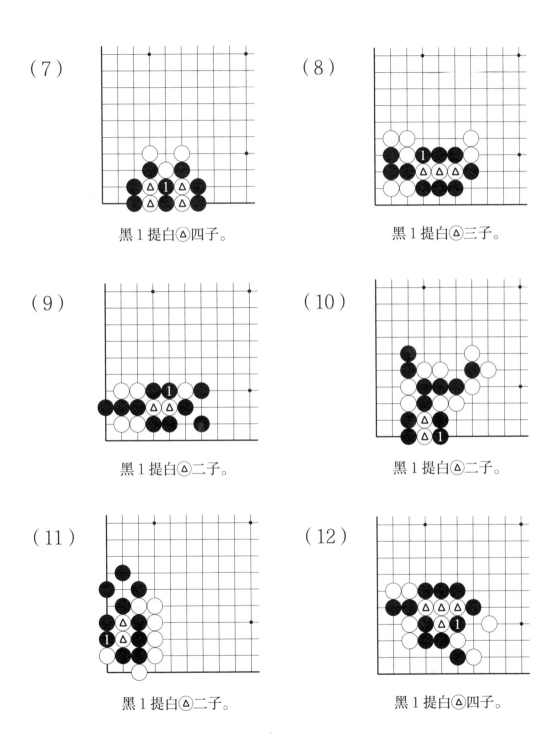

（7）

黑1提白⊙四子。

（8）

黑1提白⊙三子。

（9）

黑1提白⊙二子。

（10）

黑1提白⊙二子。

（11）

黑1提白⊙二子。

（12）

黑1提白⊙四子。

4. 长气

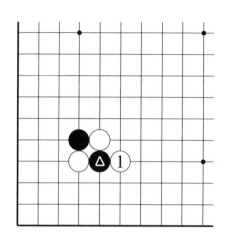

白1打吃黑△子，黑棋要不要把这个子逃出来呢？

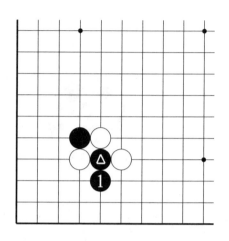

黑1当然要长出。原来黑△子只有一口气，经黑1长，黑两子有了三口气。

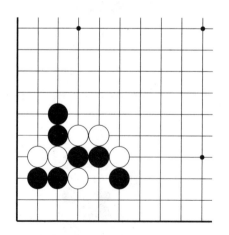

轮黑走时，下在哪里最要紧？

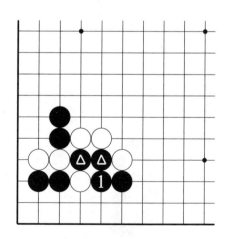

现在，避免黑△二子被提的长气方法是黑1接上。

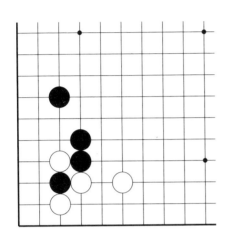

轮黑下，你能看出哪一手棋是必须要下的吗？

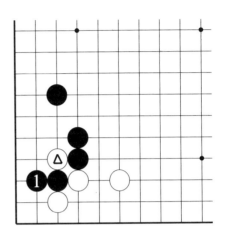

黑1长不可省略。不知你看出来没有，黑1不仅避免自己被提，还可顺带吃住白△子。

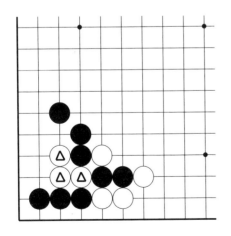

轮黑下，为确保吃住白△三子的既得利益，你应该下在哪里？

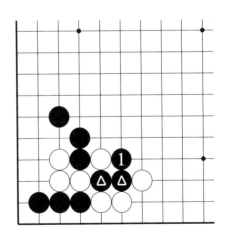

黑△二子正被打吃，黑1当然要拐出来。

练习题

以下各图均为黑先，被打吃的黑△子该如何长气？

（1）
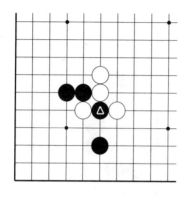

（2）
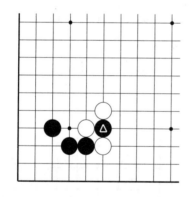

（3）
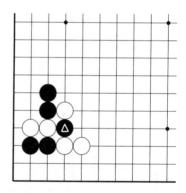

（4）
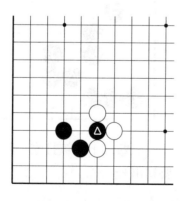

（5）
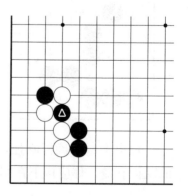

（6）

以下各图均为黑先，黑应该下在哪里？

（7）

（8）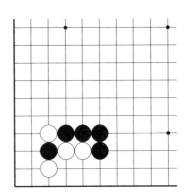

（9）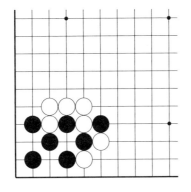

（10）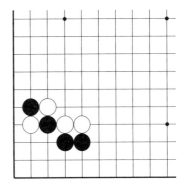

（11）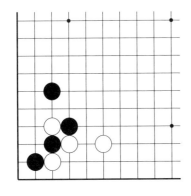

（12）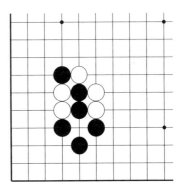

练习题解答

（1）

（2）

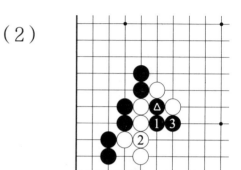

黑1接出被打吃的一子。

黑1长出时正好反打吃白二子。白2接后，黑3拐出。

（3）

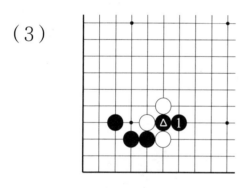

（4）

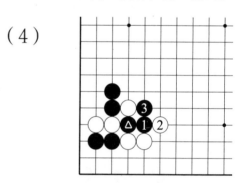

黑1长出一子。

黑1长，若白2打，则黑3再拐。

（5）

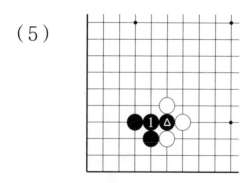

（6）

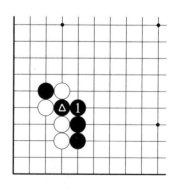

黑1接一子。

黑1接一子。

（7）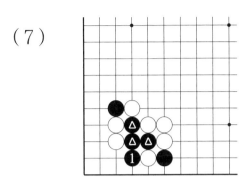

黑1打吃白一子，黑△三子绝不能被吃。

（8）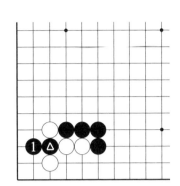

黑1长，黑△一子绝不能被吃。

（9）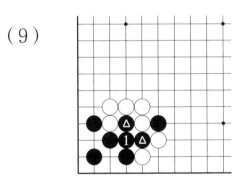

黑1接，黑△二子绝不能被吃。

（10）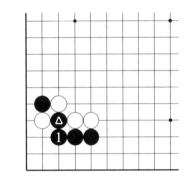

黑1接，黑△一子绝不能被吃。

（11）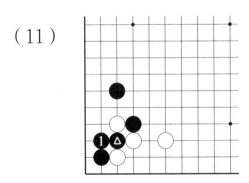

黑1接，黑△一子绝不能被吃。

（12）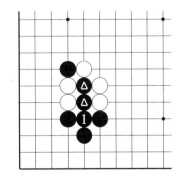

黑1接，黑△二子绝不能被吃。

5. 禁入点

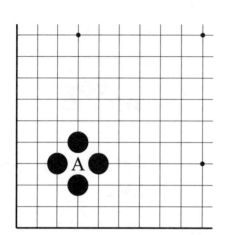

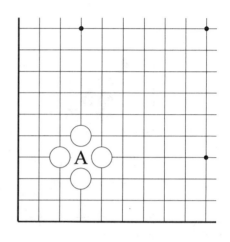

A 位是白棋的禁入点，因为这里是白子没有气的地方。

A 位是黑棋的禁入点，因为这里是黑子没有气的地方。

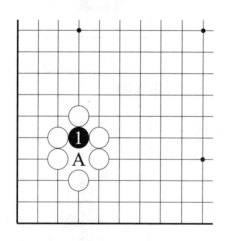

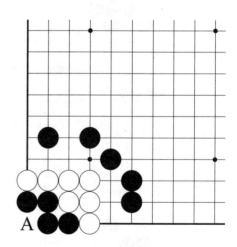

同理，A 位是黑棋的禁入点。当然，白棋是可以下 A 位的，只是白棋下这里无意义，空费一手棋而已。

同理，A 位是黑棋的禁入点。当然，白棋是可以下 A 位的，只是现在还不到下 A 位的时候。

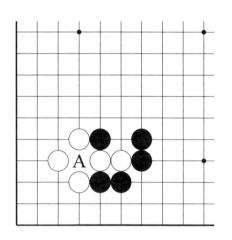

现在，A 位是黑棋的禁入点。

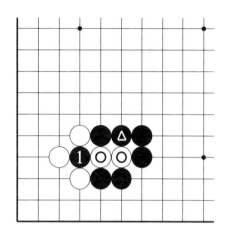

但当多了黑●子时，黑 1 就变成了提，可以提去白◎二子。

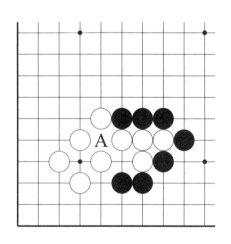

现在，A 位是黑棋的禁入点。

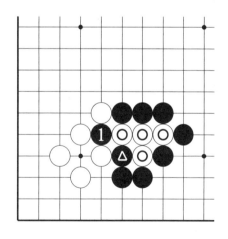

但当多了黑●子时，黑 1 就变成了提，可以提去白◎四子。

练习题

以下各图中，1位是黑棋的禁入点吗？

（1）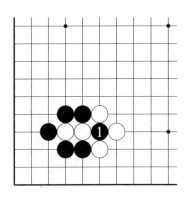

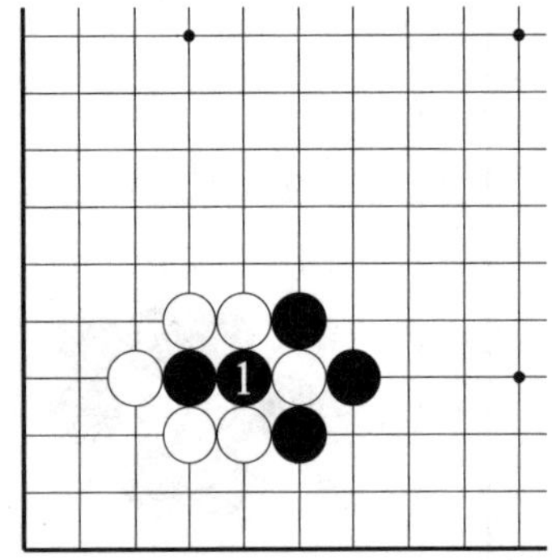

（2）

（3）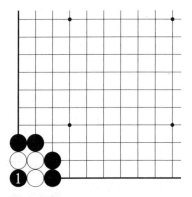

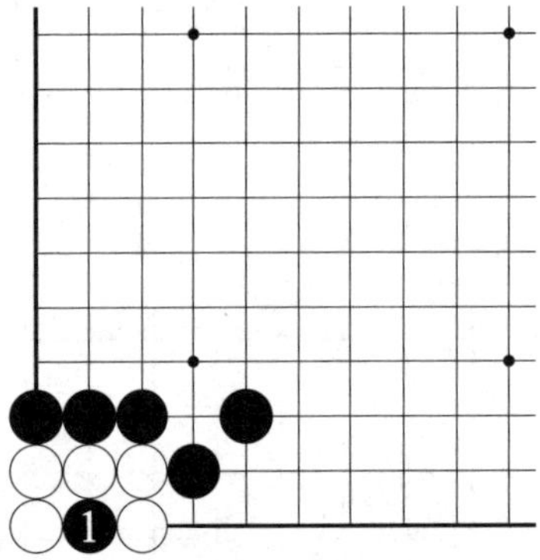

（4）

（5）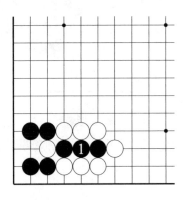

（6）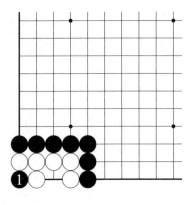

以下各图中，1位是黑棋的禁入点吗？

（7）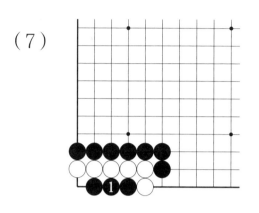

（8）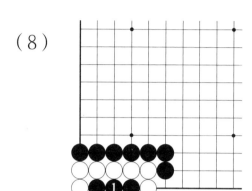

（9）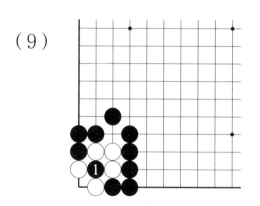

（10）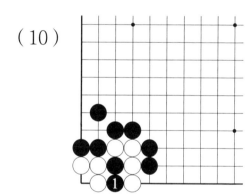

（11）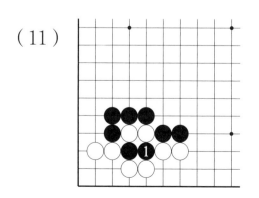

（12）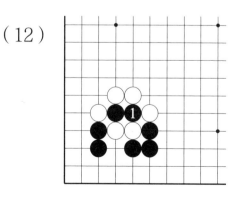

练习题解答

（1）

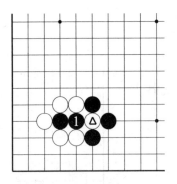

　　1 位不是禁入点，是提白△一子。

（2）

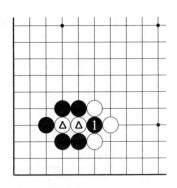

　　1 位不是禁入点，是提白△二子。

（3）

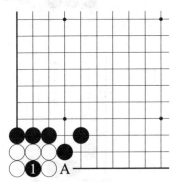

　　1 位是禁入点，需要 A位有黑子时才可以下。

（4）

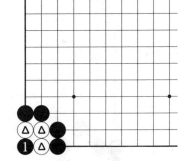

　　1 位不是禁入点，是提白△三子。

（5）

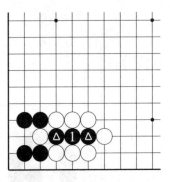

　　1 位是禁入点，因为形成了连同黑△二子一起无气。

（6）

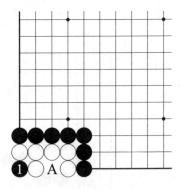

　　1 位当然是禁入点，同样 A 位也是黑棋的禁入点。

（7）
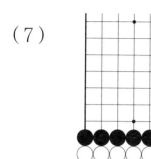

1 位不是禁入点，因为 A 位还空着一口气。

（8）
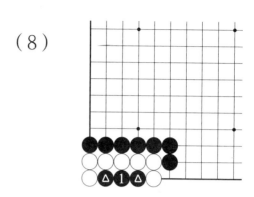

1 位是禁入点，因为形成了连同黑⚫二子一起无气。

（9）
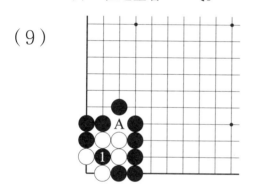

1 位是禁入点，需要 A 位有黑子时才可以下。

（10）
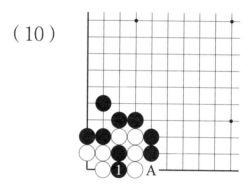

1 位是禁入点，倘若 A 位有黑子则变成了提。

（11）
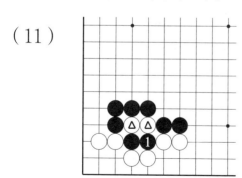

1 位不是禁入点，是提白⚪二子。

（12）
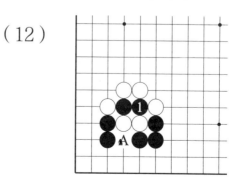

1 位是禁入点，倘若 A 位有黑子则变成了提。

6. 劫

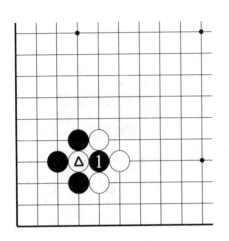

黑1可提白⊿一子。

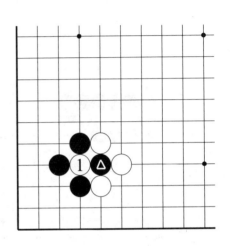

反过来，白1也可提黑⊿一子。这种双方均可各提一子的状况称劫。

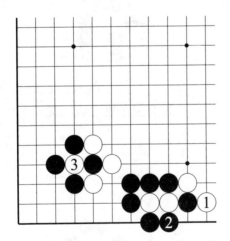

围棋规则规定，为避免双方无休止提劫的现象，如本图，若黑棋刚刚提劫，白1必须先在它处行棋，隔一手之后，白3才能把这个劫提回。

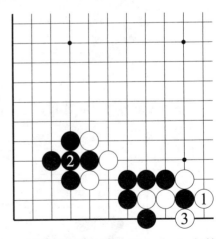

黑棋刚刚提劫之后，白1在他处行棋时，要是黑2粘劫，则白3也能获取一定的利益。

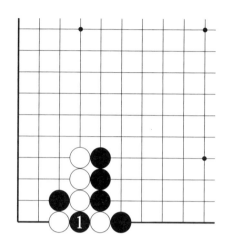

劫可能出现在盘上的任何地方。如本图，黑 1 提，在边线就出现了一个劫。

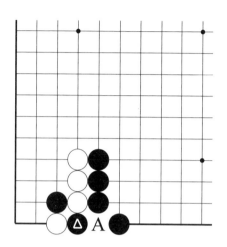

黑△刚提劫之后，白不能马上在 A 位反提，必须隔一手才允许提回。

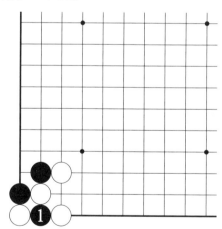

又如本图，黑 1 提劫，在盘角也出现了一个劫。

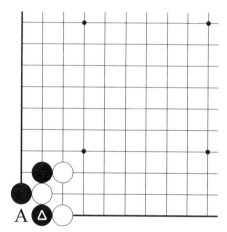

黑△刚提劫之后，白不能马上在 A 位反提，必须隔一手才允许提回。

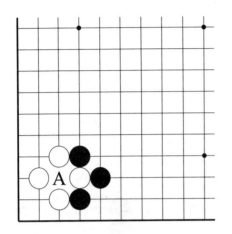

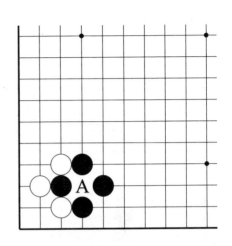

如果一个劫，双方都认为非常重要，故而反复争夺，就会出现打劫。如本图这个劫，若白在 A 位粘，明显白实黑虚。

反过来，若黑在 A 位粘，明显黑实白虚。所以，这里不可避免地就会出现劫争。

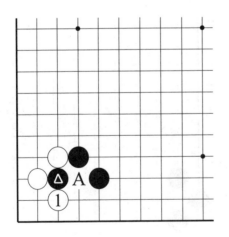

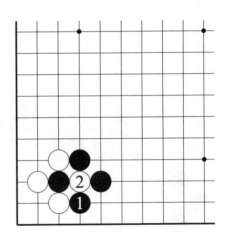

或许，有人会感到纳闷：这个劫是怎么出现的呢？原来，当白1打吃黑△一子时，黑觉得在 A 位接很委屈。

于是，黑就有可能索性下黑1做劫，这个劫就制造出来了。总之，劫在围棋中是经常会出现的。

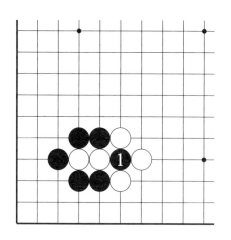

不过，有一种现象看似是劫，其实与打劫毫不相干。如本图，黑1提白二子。

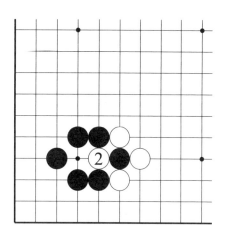

接下来，白2可回提一子。这种现象称打二还一。

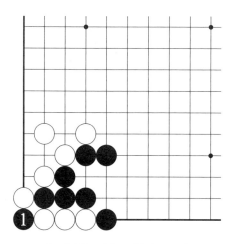

又如本图，黑1提白三子。

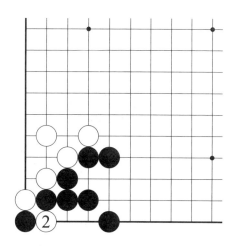

接下来，白2可回提一子，称打三还一。甚至还可能出现打四还一、打五还一……

练习题

以下各图均为黑先，且不存在白刚刚提劫的问题，请问黑应下何处？

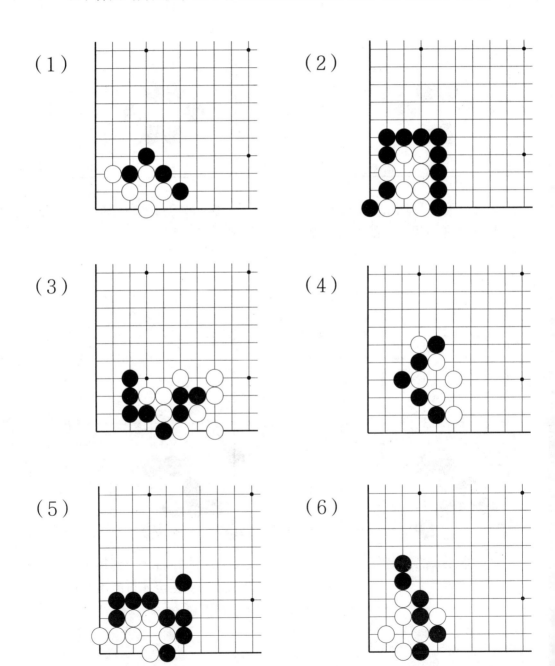

（1）

（2）

（3）

（4）

（5）

（6）

以下各图均为黑先，请问哪一点才是争取杀白△子的正确选择？

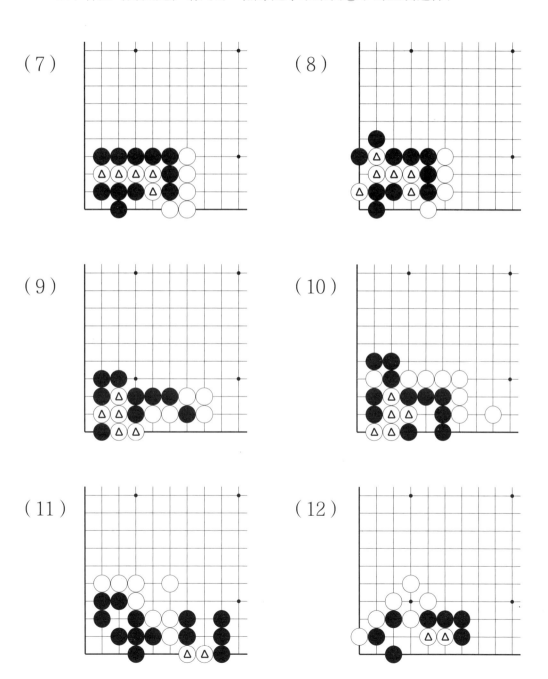

（7）

（8）

（9）

（10）

（11）

（12）

练习题解答

（1）

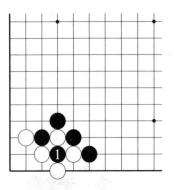

　　黑1当然提劫。通常
见劫先提。

（2）

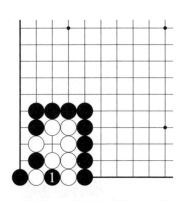

　　黑1当然提劫。此劫
非常重要。

（3）

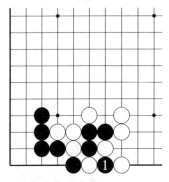

　　黑1当然提劫。通常
见劫先提。

（4）

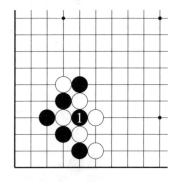

　　黑1当然提劫。此劫
非常重要。

（5）

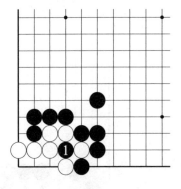

　　黑1当然提劫。通常
见劫先提。

（6）

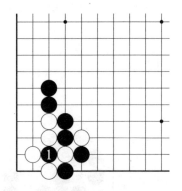

　　黑1当然提劫。此劫
非常重要。

（7）

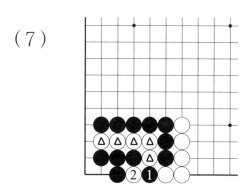

黑1抛劫是正确选择。
白2提后，势必出现劫争。

（8）

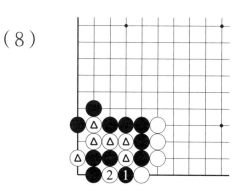

黑1抛劫是正确选择。
白2提后，势必出现劫争。

（9）

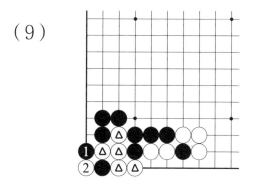

黑1做劫是正确选择。
白2提后，势必出现劫争。

（10）

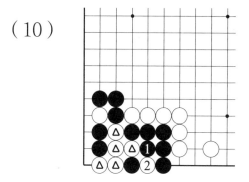

黑1做劫是正确选择。
白2提后，势必出现劫争。

（11）

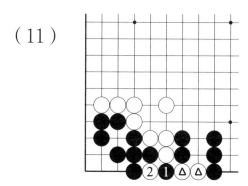

黑1抛劫是正确选择。
白2提后，势必出现劫争。

（12）

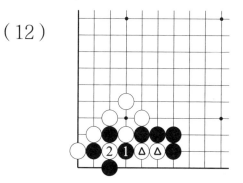

黑1做劫是正确选择。
白2提后，势必出现劫争。

7. 连接

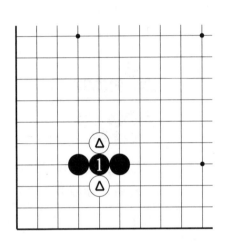

本图把连接的好处体现得一目了然。黑1连接，白△二子被拦腰切断。

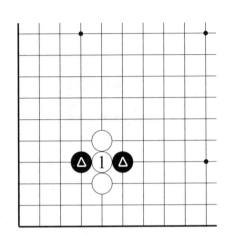

反之，若被白1连接，黑△二子被拦腰切断。像1位这样关键的点，一定要争先抢占。

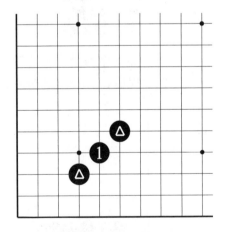

黑1把黑△二子紧密地联系起来，白棋已不可能把它们分断。这样的联络方式叫小尖，可简称尖。

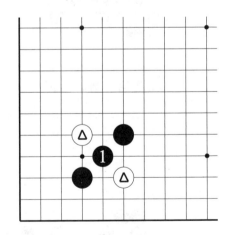

同样，本图的黑1也是关键。黑1以后，黑子连为一体，白△二子却东一个西一个。

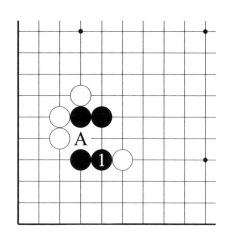

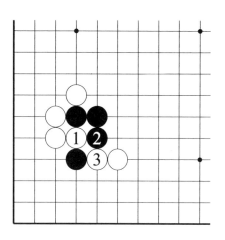

有一种直接联络的方式，叫双。本图黑1就是双，把上下各两子连接得非常牢靠。采用黑1双，比直接在A位接的棋形要好。

若是左图白先，黑被白1、3冲断，立刻就会陷入苦战。由此可见把自己的棋子连接起来的重要性。

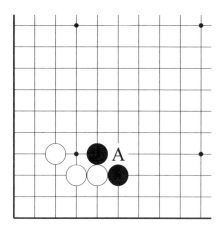

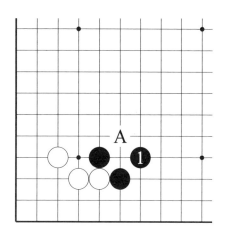

现在，A位就存在着断点，黑有必要补断。黑当然可以直接在A位接，无疑这是最结实的连接方式。接又叫粘，属于唯此一点。

除了接之外，黑1还可以虎。虎则有方向性问题，本图黑1虎的方向正确，若虎在A位方向就错了。

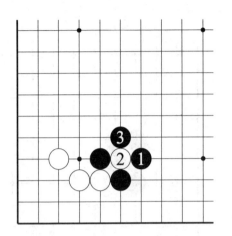

黑 1 虎过之后，白 2 若仍企图分断，黑 3 当然毫不客气地提掉。2 位是虎口，白子是放不进来的。

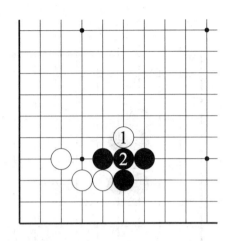

可白棋还是有白 1 刺的利用，黑 2 只好老老实实接上。虎和接相比，各有各的好处。

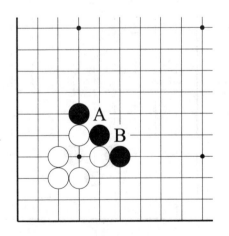

黑棋存在着 A、B 两处断点，黑如何补断才能兼顾这两处断点呢?

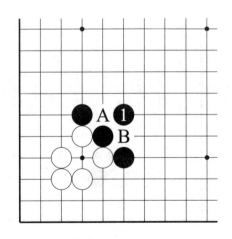

黑 1 一手棋形成了 A、B 两个虎口，我们把这手棋叫双虎。

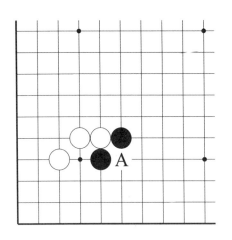

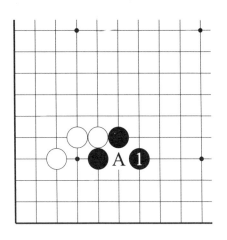

虎在实战中是经常被应用的。如本图，黑需要补 A 位断点。

黑棋的正确补断方式是黑 1 虎，它比直接在 A 位粘显得富有弹性。

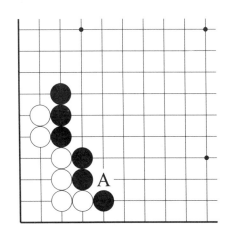

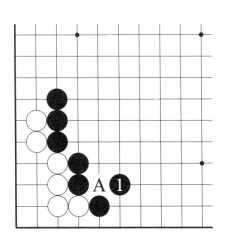

又如本图，A 位这个断点黑也是一定要补的。

黑 1 虎补，姿态漂亮，比直接在 A 位粘显得舒展多了。

练习题

以下各图均为黑先，请把黑棋需要连接的点找出来。

（1）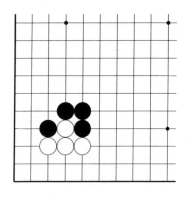

（2）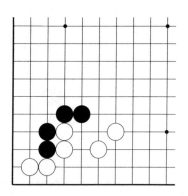

（3）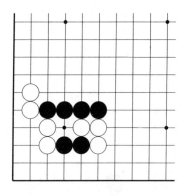

（4）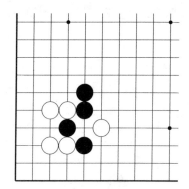

（5）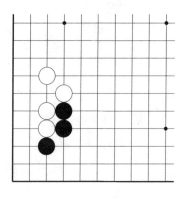

（6）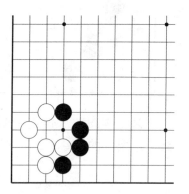

以下各图均为黑先，请先找出黑棋需要连接的点，再决定以什么方式补断。

（7）

（8）
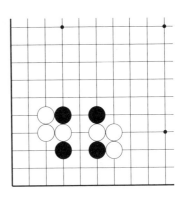

（9）
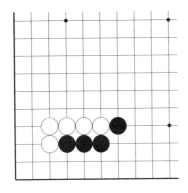

（10）
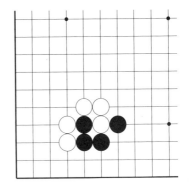

（11）
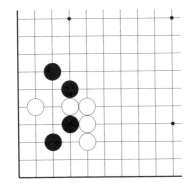

（12）
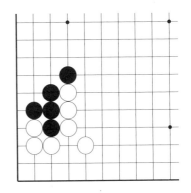

练习题解答

（1）

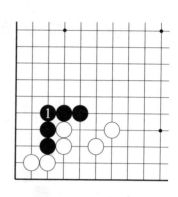

黑1接一子。

（2）

黑1接二子。

（3）

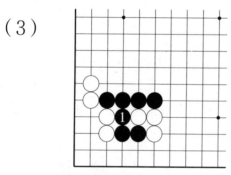

黑1将里外连为一体。

（4）

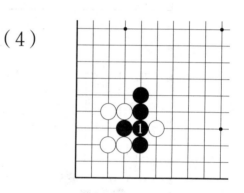

黑1将自身紧密连接。

（5）

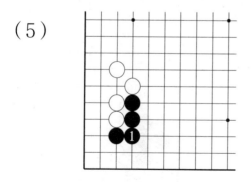

黑1接后，黑形很厚。

（6）

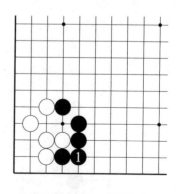

黑1将二路一子连上。

（7）
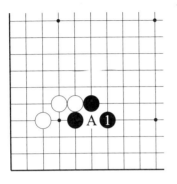

黑1虎，防住A位断点。

（8）
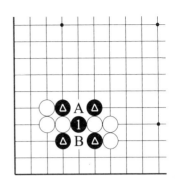

黑1双虎，以A、B两个虎口将黑▲子全部连成一片。

（9）
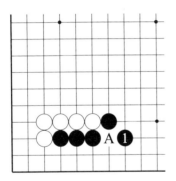

黑以黑1虎的方式防A位断点正确。

（10）
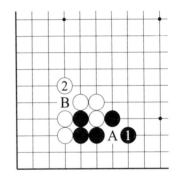

黑1虎补A位断点，其后白2也需要补B位断点。

（11）
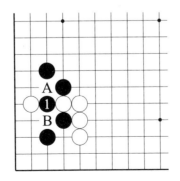

黑1这样的双虎不多见，A、B这样的两个虎口挺有趣。

（12）
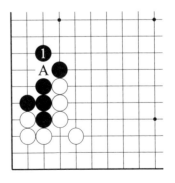

黑1虎比直接在A位接强多了。

8. 分断

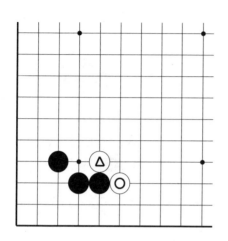

现在，你应该一眼就能看出白△子和○子之间存在着断点。

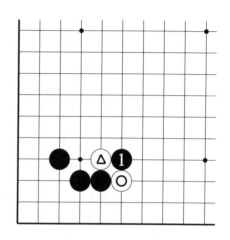

若白棋不补断，黑1断就捕捉到了战机。接下来，白△子和○子已无法两全。

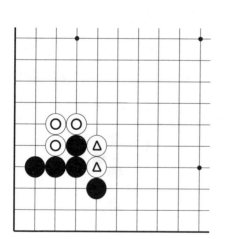

轮黑下时，攻击白△子和○子的最好方法就是将它们分断。

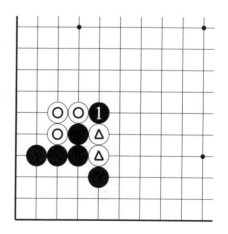

黑1断上去了，白△子和○子顿时陷入危机。并不是说黑1断后就肯定能吃到多少子，但在之后的战斗中必会得到好处。

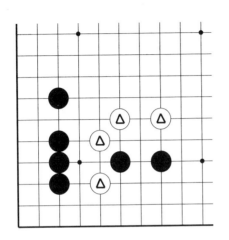

如果现在轮黑棋下，你觉得攻击白△子的最好方法是什么？

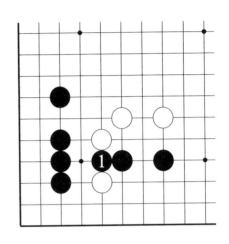

当然是黑1冲，既割下边上一子扩充实地，又使自身非常安全。

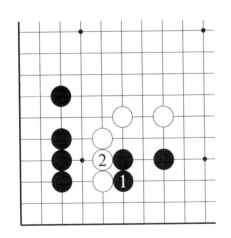

若是黑1只会不紧不慢地挡下来，被白2接，那就什么好处也得不到了。

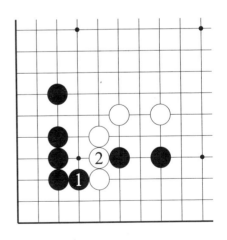

本图黑1的下法是什么作用也起不到的废棋。

练习题

以下各图均为黑先，请把白△子和◎子之间存在的断点找出来。

（1）

（2）

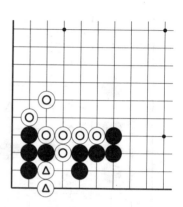

（3）

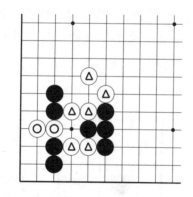

（4）

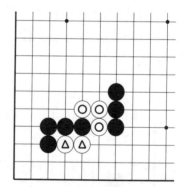

（5）

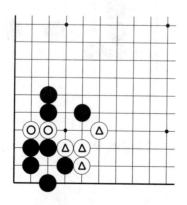

（6）

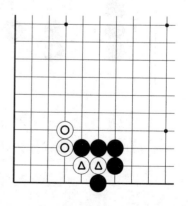

以下各图均为黑先，请把白子之间存在的断点找出来。

（7）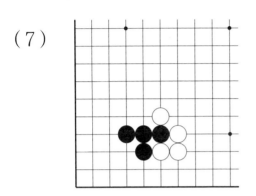

（8）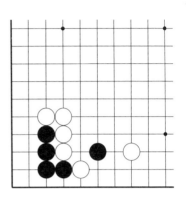

（9）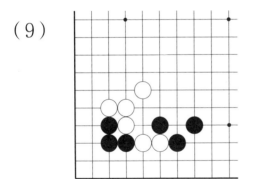

（10）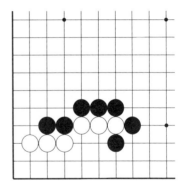

（11）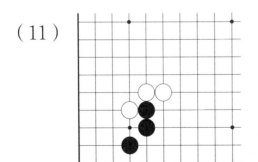

（12）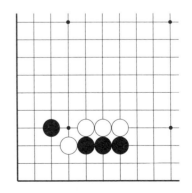

练习题解答

（1）

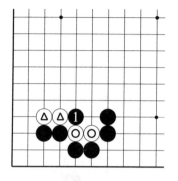

黑 1 将白△子和◎子
分为两截。

（2）

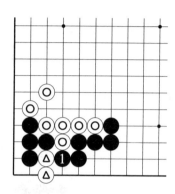

黑 1 将白△子和◎子
分为两截。

（3）

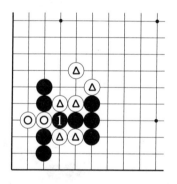

黑 1 将白△子和◎子
分为两截。

（4）

黑 1 将白△子和◎子
分为两截。

（5）

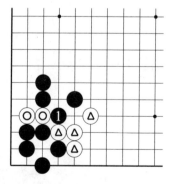

黑 1 将白△子和◎子
分为两截。

（6）

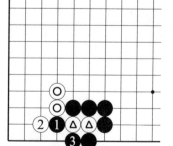

黑 1 将白△子和◎子
分为两截。白 2 时，黑 3
可提白△二子。

（7）

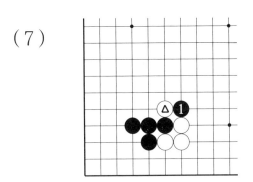

黑1断，白⊕一子前景不妙。

（8）

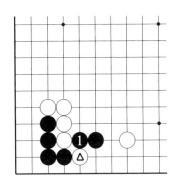

黑1断，已吃住白⊕一子。

（9）

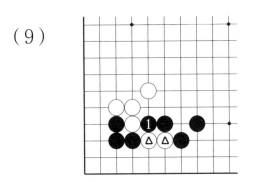

黑1断，已吃住白⊕二子。

（10）

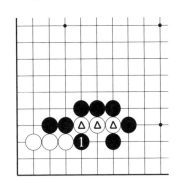

黑1断，已吃住白⊕三子。

（11）

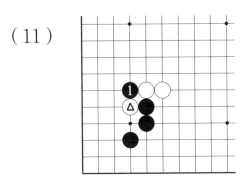

黑1断，大概白⊕一子只好舍弃。

（12）

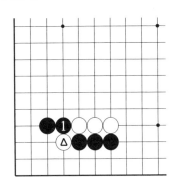

黑1断，已大致吃住白⊕一子。

9. 打向一路

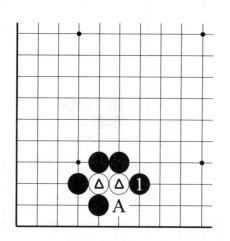

前面说过，一路线是死亡线，所以打吃对方棋子时，要多往死亡线上赶。本图黑 1 打吃白△二子方向正确，逼白 A 位逃。

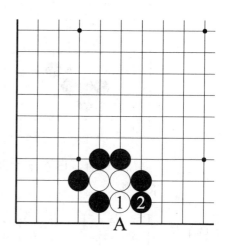

接上图，若白 1 出逃，黑 2 打吃，白再逃只能逃往 A 位的死亡线，到头来只能是死路一条。

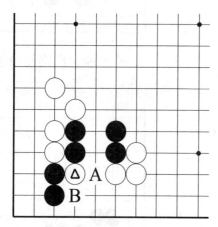

这个问题也很简单，要吃住白△一子，应该在 A 位打吃还是 B 位打吃呢？

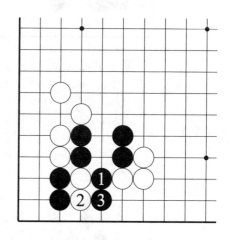

自然是黑 1 打吃，把白 2 逼向一路线，接着黑 3 再打吃，白子无法逃生。

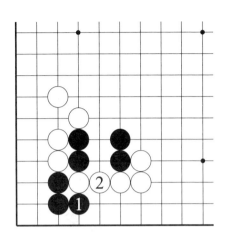

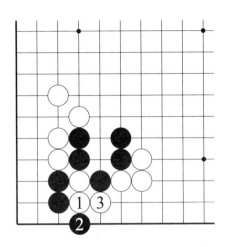

贯彻打向一路的方针应始终不渝。若白1逃时，黑2把白子从一路往二路赶，就前功尽弃了。

若一开始黑1就从二路把白2打向三路，就更不值一提了。

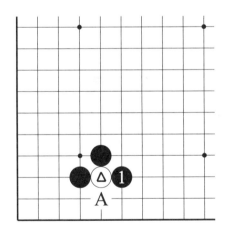

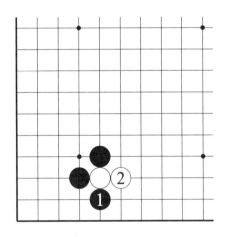

打向一路，说的是把对方的棋子从高处打向低处。本图黑1打吃，虽只能将白△子打向二路，也符合大政方针。白棋要逃只能下在A位，二路上棋子的生命力也很弱。

要是黑1在二路上打吃，让白2下在三路上，思路就错了。上一图是往下打，本图成了往上打，二者区别很大。

练习题

以下各图均为黑先，如何吃住白⊙子？

（1）

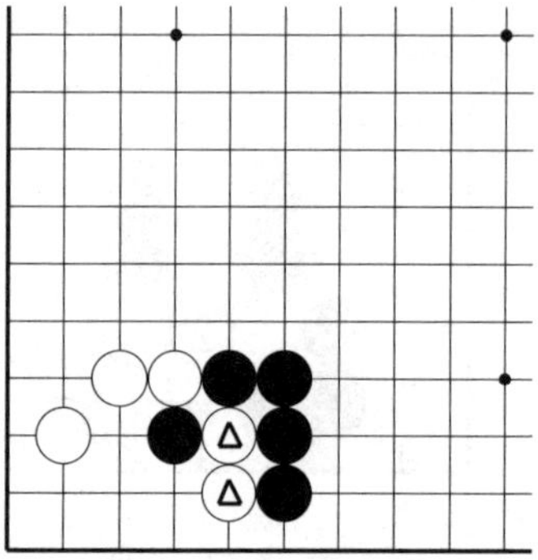

（2）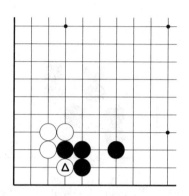

（3）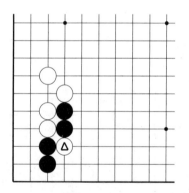

（4）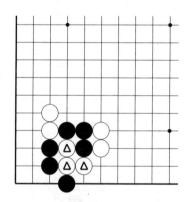

（5）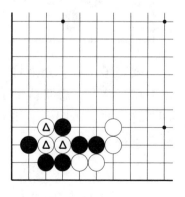

（6）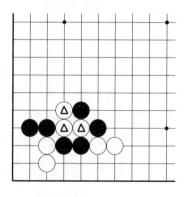

以下各图均为黑先，能把分断黑棋的相关白子吃掉吗？

（7）

（8）
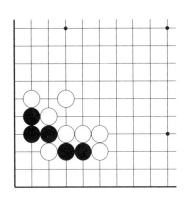

（9）
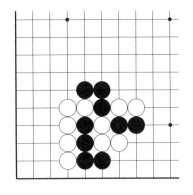

（10）
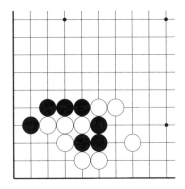

（11）
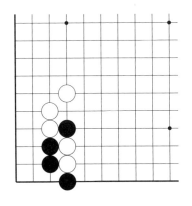

（12）
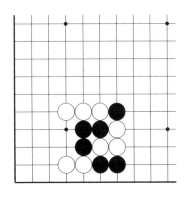

练习题解答

（1）

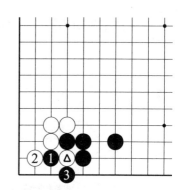

黑1打吃正确，把白子往A位死亡线上赶。

（2）

黑1、3可打拔一子。

（3）

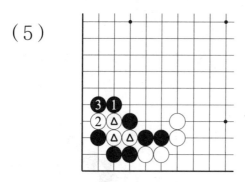

黑1打吃，白2若逃，黑3再打。

（4）

黑1打正确，黑1千万不能在A位打。

（5）

黑1打吃，白2若逃，黑3再打。

（6）

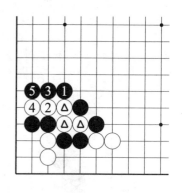

黑1至黑5连打，白逃不掉。

（7）

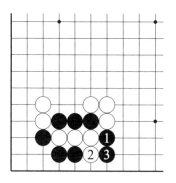

黑1、3连打,白无法逃生。

（8）

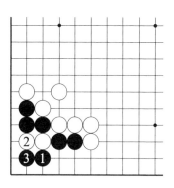

黑1、3连打,白无法逃生。

（9）

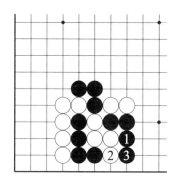

黑1、3连打,白无法逃生。

（10）

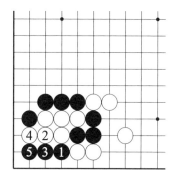

黑1、3、5连打,白无法逃生。

（11）

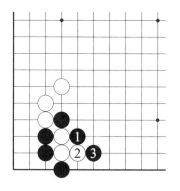

黑1、3连打,白无法逃生。

（12）

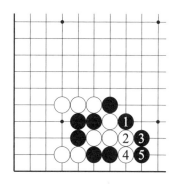

黑1、3、5连打,白无法逃生。

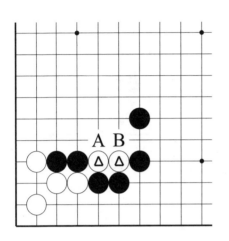

要想吃住白△二子，应该从 A 位打吃还是从 B 位打吃呢?

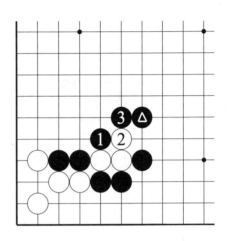

黑 1 打吃正确，黑△子就像是提前为白子关上的一扇门。黑 3 后，白已无路可逃。

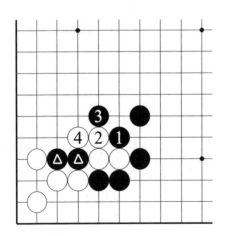

若黑 1 在 B 位打吃，方向就错了。至白 4，黑非但吃不住白子，黑△二子反而要被吃了。

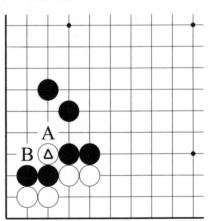

再来看看这个图，要想吃住白△子，应该从 A 位打吃还是从 B 位打吃呢?

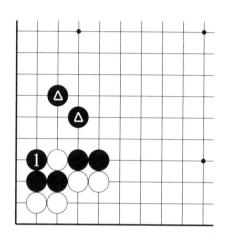

黑 1 抱吃住白一子正确，因为黑△二子的存在，白子逃不掉。

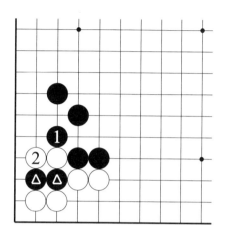

黑 1 打吃方向错误，白 2 可顺手牵羊吃住黑△二子。

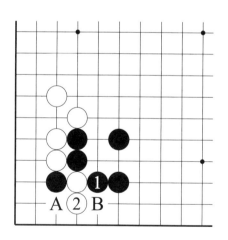

本图的问题并非从哪边打吃，而是黑 1、白 2 后，黑应从 A 位挡还是从 B 位挡。所有的问题都需要通过计算，下棋练的就是脑力。

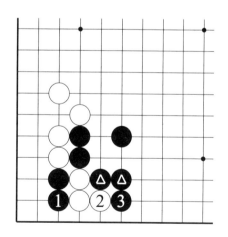

黑 1 挡方向正确，由于黑△二子的存在，黑 3 挡后，黑棋快一气杀白。黑 1 要是在 2 位挡方向就错了，角里黑一子反而要被吃掉，请自行验证一下。

练习题

以下各图均为黑先，应如何吃住白△子？

（1）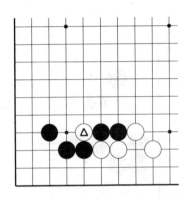

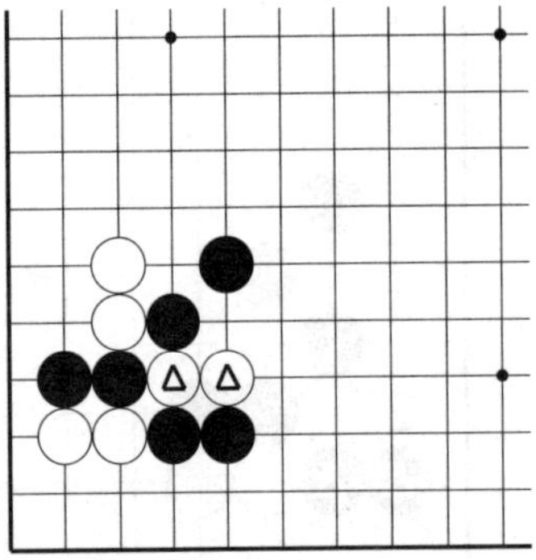

（2）

（3）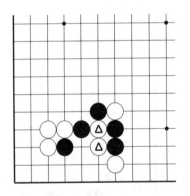

（4）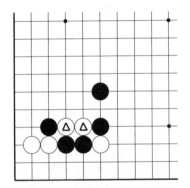

（5）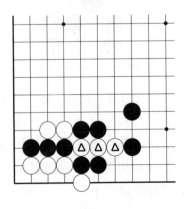

（6）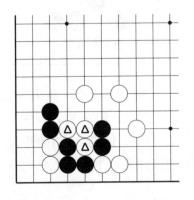

以下各图均为黑先，应该从 A 位打吃还是从 B 位打吃呢?

（7）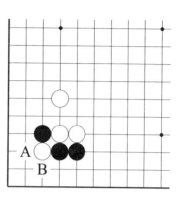

（8）

（9）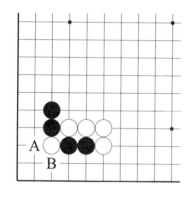

（10）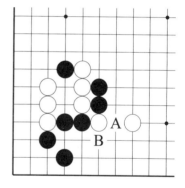

（11）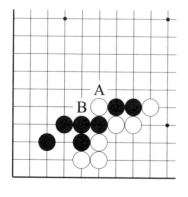

（12）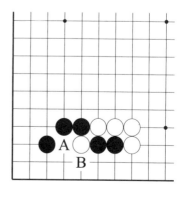

练习题解答

（1）

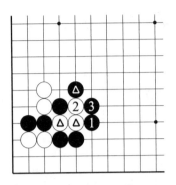

黑 1 打吃，黑▲子发挥了作用。白 2 若逃，黑 3 提。

（2）

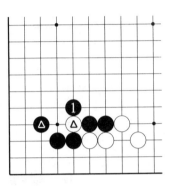

黑 1 把白一子抱吃住，黑▲子发挥了作用。

（3）

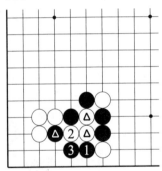

黑 1 抱吃，黑▲子发挥了作用。白 2 若逃，只能是多死一子而已。

（4）

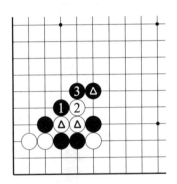

黑 1、3 连打，黑▲子这扇门大显威力。

（5）

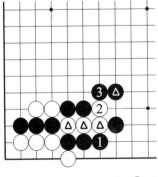

黑 1、3 连打，黑▲子恰到好处。

（6）

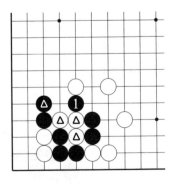

这是一个标准的门吃，黑 1 这个子和黑▲子一边一扇门。

（7）

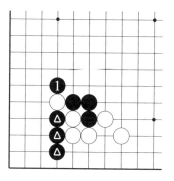

　　黑 1 打吃方向正确，
把白子赶向坚实的黑△子
一侧。

（8）

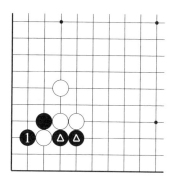

　　黑 1 打吃方向正确，
此时黑△二子较强。

（9）

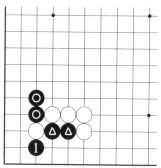

　　黑 1 打吃方向正确，
此时黑△二子比黑◎二子
相对较弱。

（10）

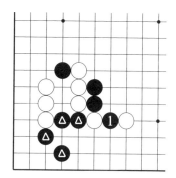

　　黑 1 打吃方向正确，
把白子赶向坚实的黑△子
一侧。

（11）

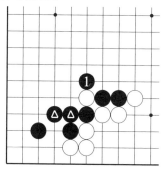

　　黑 1 打吃方向正确，
把白子赶向黑△子形成的
铁壁铜墙。

（12）

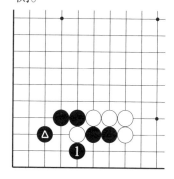

　　黑 1 打吃方向正确，
因为有黑△子这个"铁
头"配合。

11. 双打吃

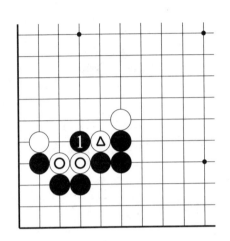

双打吃也叫双叫吃。如本图黑1，既打吃着白△一子，又打吃着白◎两子，就是双打吃。

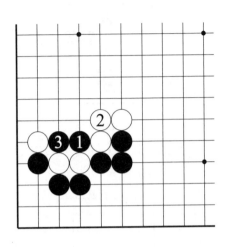

黑1打吃后，白2若是接一子，黑3就提两子。

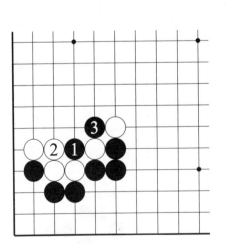

白2若是接两子，黑3就提一子。无论如何，白棋不可能把两处都接上。

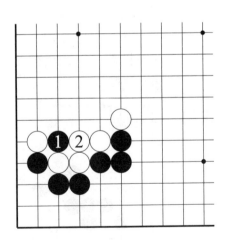

当初黑1要是如本图这样打吃，就打错了地方，也就称不上双打吃了。

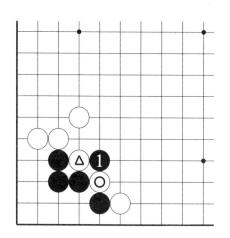

要抓住能双打吃的机会。如图中黑 1，就抓住了机会，既打吃着白△子，又打吃着白○子，总能提到一个。

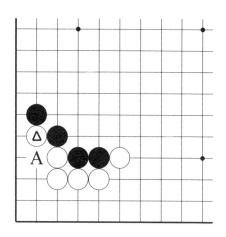

要自己打吃，又要不让对方有双打吃的机会。如本图，黑棋要不要下 A 位打吃白△一子呢？

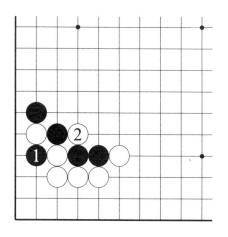

如果黑 1 打吃，白 2 会反打吃，而且白 2 的反打是个双打，黑棋大概只好舍弃两子了。

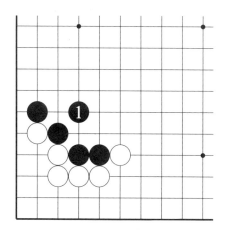

所以，当初黑棋还是不要去贪吃白一子，以老老实实自补为好。本图黑 1 这个以前学过的双虎就派上了用场。

练习题

以下各图均为黑先，请找出能双打吃的点。

（1）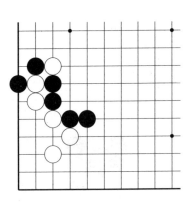

（2）

（3）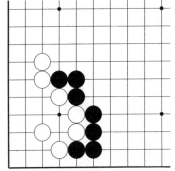

（4）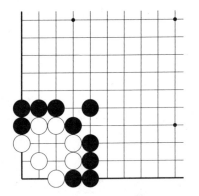

（5）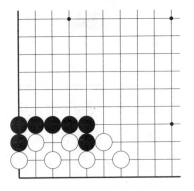

（6）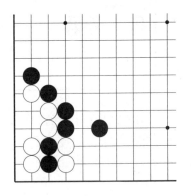

以下各图均为黑先，请找出能双打吃的点。

（7）

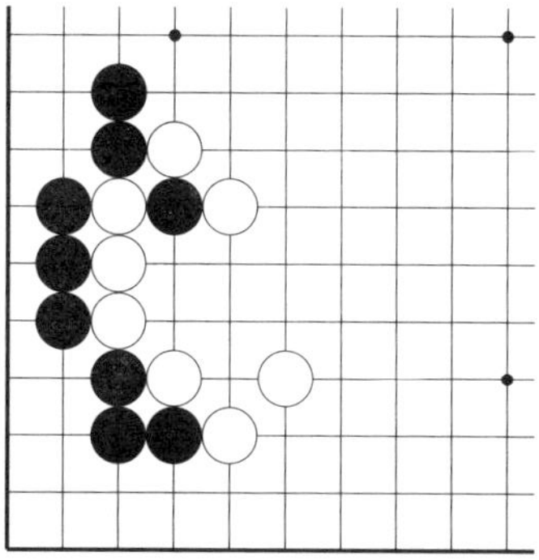

（8）

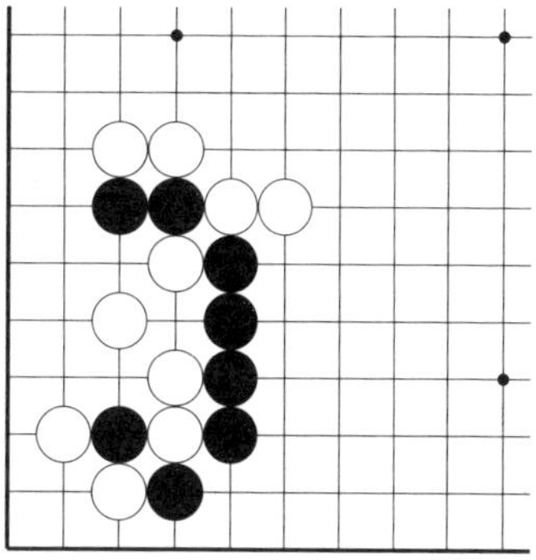

（9）

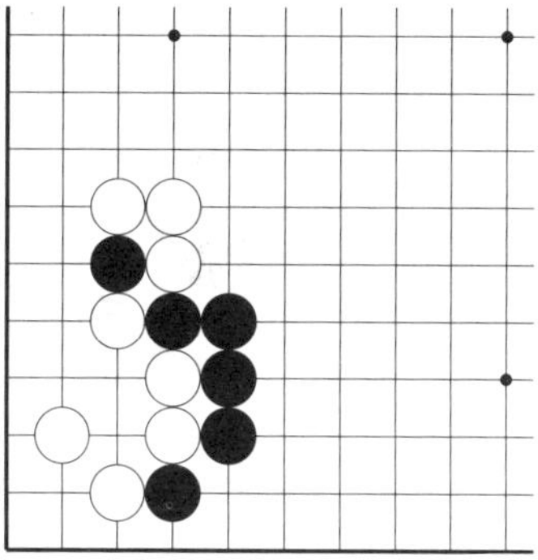

（10）

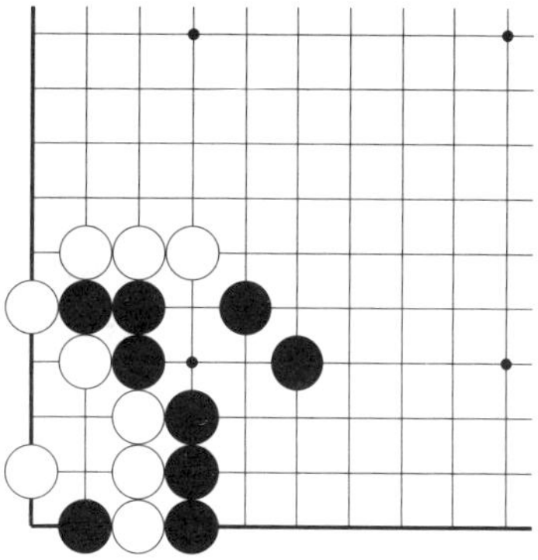

（11）

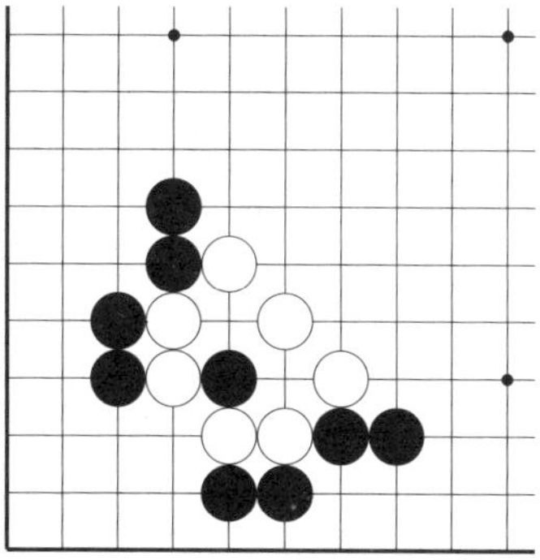

（12）

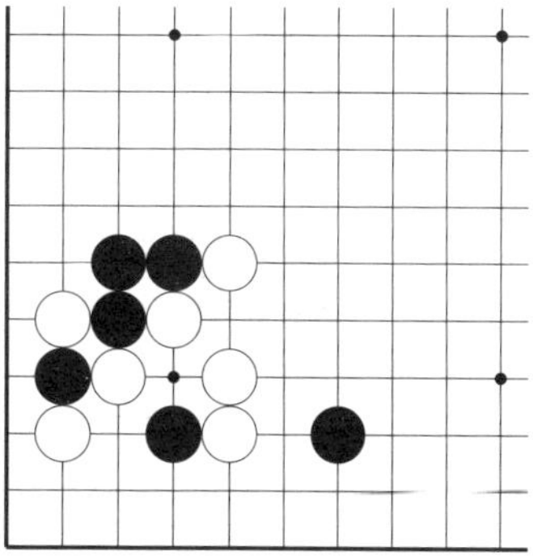

练习题解答

（1）
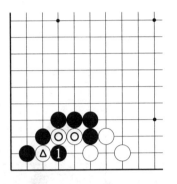

黑 1 双打，白⊙子和白⊙子同时被打吃。

（2）
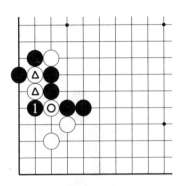
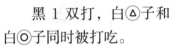

黑 1 双打，白⊙子和白⊙子同时被打吃。

（3）
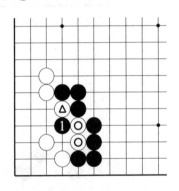

黑 1 双打，白⊙子和白⊙子同时被打吃。

（4）
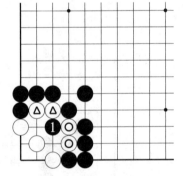
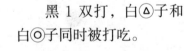

黑 1 双打，白⊙子和白⊙子同时被打吃。

（5）
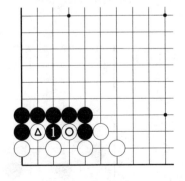

黑 1 双打，白⊙子和白⊙子同时被打吃。

（6）

黑 1 双打，白⊙子和白⊙子同时被打吃。

（7）

黑1双打，白⊿子和
白◎子同时被打吃。

（8）

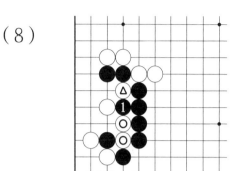

黑1双打，白⊿子和
白◎子同时被打吃。

（9）

黑1双打，白⊿子和
白◎子同时被打吃。

（10）

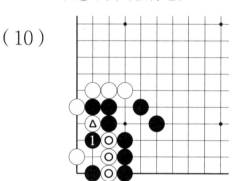

黑1双打，白⊿子和
白◎子同时被打吃。

（11）

黑1双打，白⊿子和
白◎子同时被打吃。

（12）

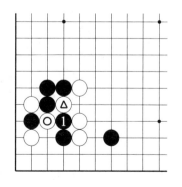

黑1双打，白⊿子和
白◎子同时被打吃。

征吃

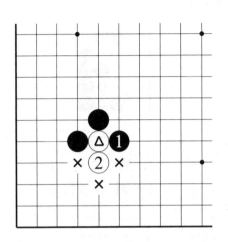

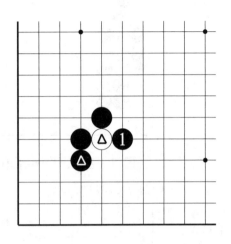

黑1打吃白△子，白2长出，现在白二子有如×所示三口气，黑棋吃不住白棋。

现在黑棋多了黑△一子，黑1再打吃时，白△这个子就逃不掉了。

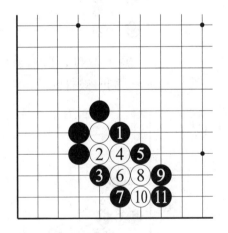

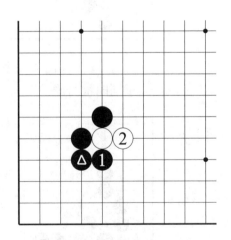

白2若逃，则至黑11，白棋只能越死越多。黑棋的这种吃子方法叫征吃。

当然，若一开始黑1打错了地方，也就是没有利用黑△子的存在优势，被白2长出，便吃不住白子了，征吃也随之消失。

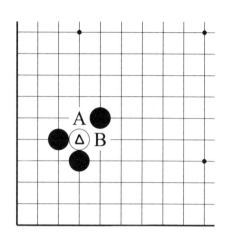

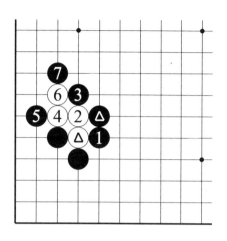

有的时候，可以选择征吃的方向。如本图，下 A 位或 B 位都可以征吃白△子。

这是因为，黑△子的位置特殊，怎么征吃白△子都逃不掉。如黑1 打，白越逃越惨。

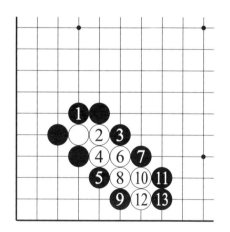

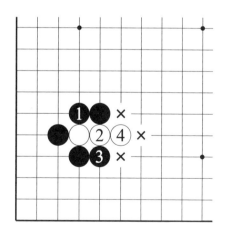

又如黑 1 打，也能征吃。征吃的特点是连续打吃，始终让被征吃的棋子只有一口气。

黑 1 打后，倘若黑 3 打错了方向，白子便有了如 × 所示的三口气，也就吃不住白子了。

练习题

以下各图均为黑先，应怎样征吃白⚪子？

（1）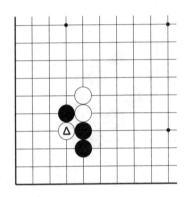

（2）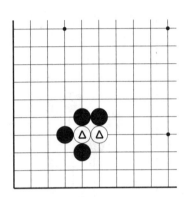

（3）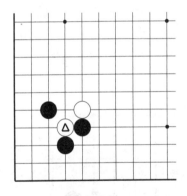

（4）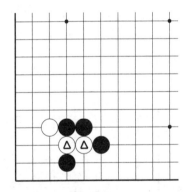

（5）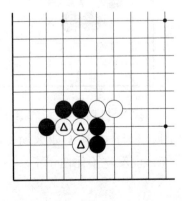

（6）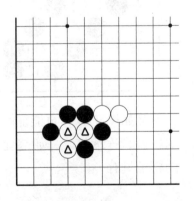

以下各图均为黑先，应怎样征吃白△子？

（7）

（8）

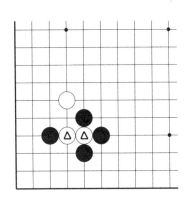

（9）

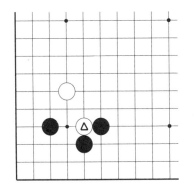

（10）

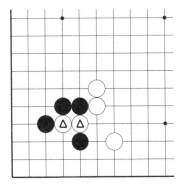

（11）

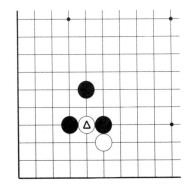

（12）

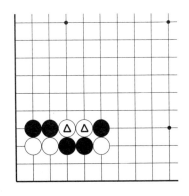

练习题解答

（1）
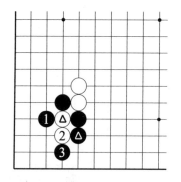

由于黑△子的存在，
黑1以下可征吃。

（2）
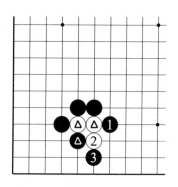

由于黑△子的存在，
黑1以下可征吃。

（3）
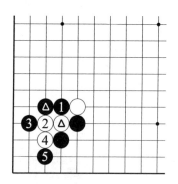

由于黑△子的存在，
黑1以下可征吃。

（4）
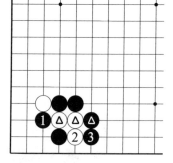

由于黑△子的存在，
黑1以下可征吃。

（5）
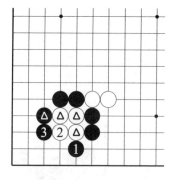

由于黑△子的存在，
黑1以下可征吃。

（6）

由于黑△子的存在，
黑1以下可征吃。

（7）

由于黑▲子的存在，
黑1以下可征吃。

（8）

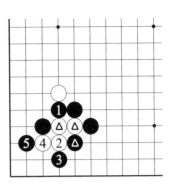

由于黑▲子的存在，
黑1以下可征吃。

（9）

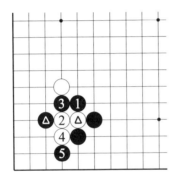

由于黑▲子的存在，
黑1以下可征吃。

（10）

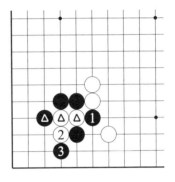

由于黑▲子的存在，
黑1以下可征吃。

（11）

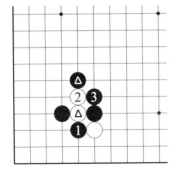

由于黑▲子的存在，
黑1以下可征吃。

（12）

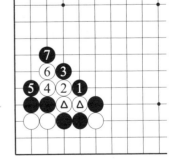

黑1以下的征吃方法
你学会了吗?

13. 征子有利和征子不利

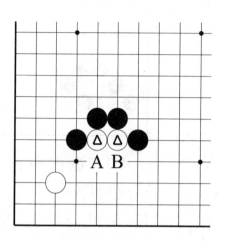

现在要征吃白△二子，在 A 位征吃为征子有利，在 B 位征吃为征子不利。

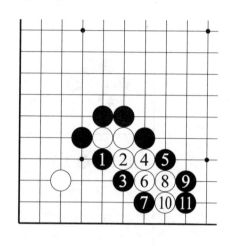

你看，黑 1 征吃，可顺顺当当地把白子吃到。

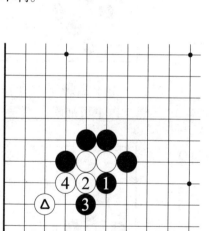

倒过来下黑 1，则白△子是白逃征子的接应子，黑征吃失败。

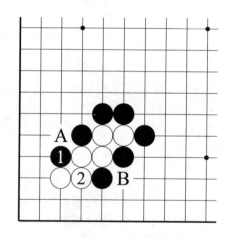

以下黑 1 若强行征吃，黑非但吃不住白子，自己的棋子反倒七零八落，白随便下 A 位或 B 位都是双打吃。

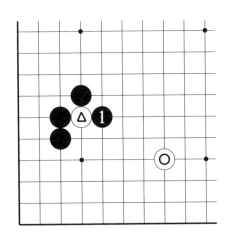

接应子并不见得非要和所逃征子连为一体。如本图，黑1试图征吃白△子，依你看，白◎子能成为接应子吗？

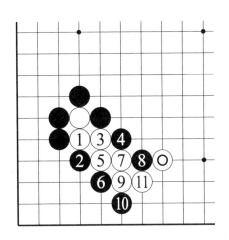

以下至白11，白◎子虽然没和所逃征子直接连上，但借助这个白子对黑子形成了反打吃，同样是黑征子不利。

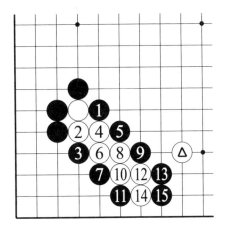

如果白△子向右侧移一路，那才是黑征子有利。征子有利还是征子不利，只能靠眼睛沿着征子的逃跑路线，一点一点去查验。

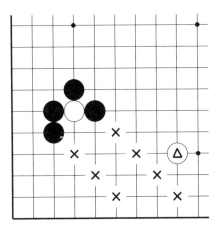

可以×所示的逃跑路线去查验，因白△子与这个区域不沾边，所以这时黑棋的征吃可成立。

练习题

以下各图均为黑先，黑应在 A 位还是 B 位征吃白△子？

（1）

（2）
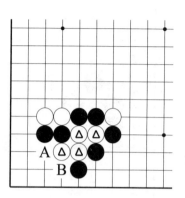

（3）
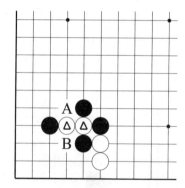

（4）
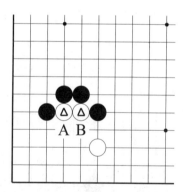

（5）
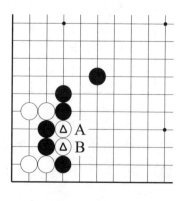

（6）
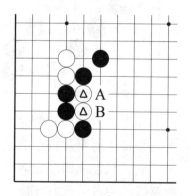

以下各图均为黑先，黑应如何征吃白△子?

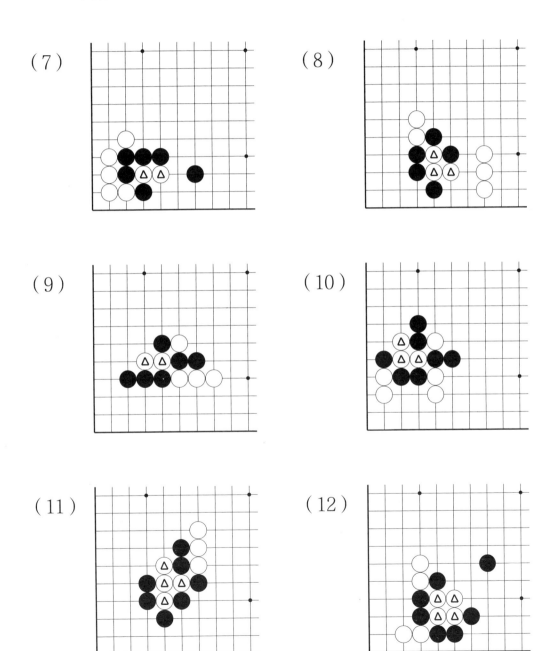

（7）

（8）

（9）

（10）

（11）

（12）

练习题解答

（1）

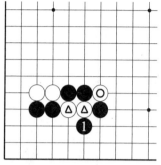

由于存在白◎子，只能从黑1的方向征吃。

（2）

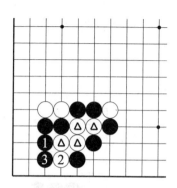

黑1不能改在2位征吃。

（3）

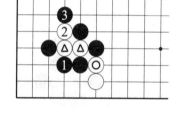

由于存在白◎子，只能从黑1的方向征吃。

（4）

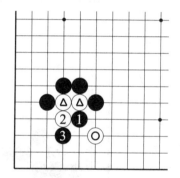

由于存在白◎子，只能从黑1的方向征吃。

（5）

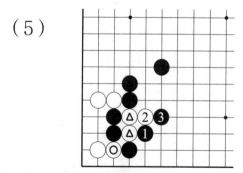

由于存在白◎子，只能从黑1的方向征吃。

（6）

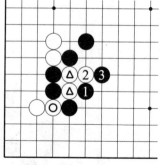

由于存在白◎子，只能从黑1的方向征吃。

（7）

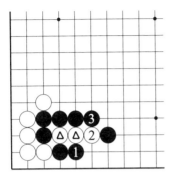

　　黑 1 吃法正确，可避
免被反打吃。

（8）

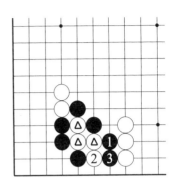

　　黑 1、3 吃法正确，不
让右侧白子发挥作用。

（9）

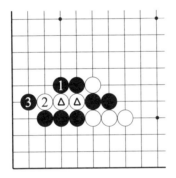

　　黑 1 吃法正确，可避
免被反打吃。

（10）

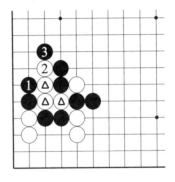

　　黑 1 吃法正确，可避
免被反打吃。

（11）

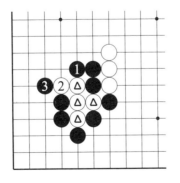

　　黑 1 吃法正确，可避
免被反打吃。

（12）

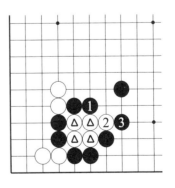

　　黑 1 吃法正确，可避
免被反打吃。

枷吃

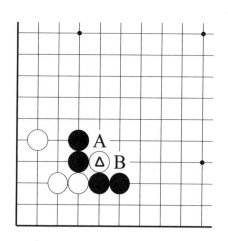

要想吃住白⊿子，除了 A 位或 B 位征吃之外，还有其他的办法吗?

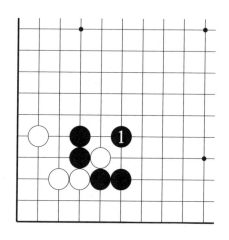

黑 1 就是最保险的吃法，一下子就给这个白子戴上了枷锁。

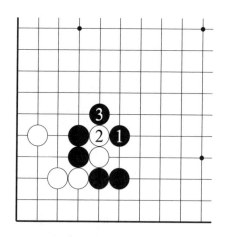

黑 1 枷之后，白棋切莫存在企图白 2 出逃的非分之想。

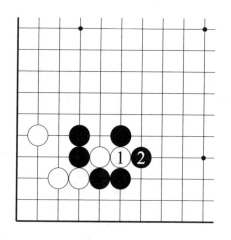

白 1 企图换个方向往外钻，只能是多送一子而已。

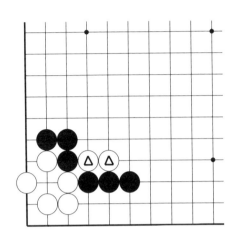

白△这两个子很"讨厌"，正好把黑子分成两半。有办法把这两个白子吃掉吗?

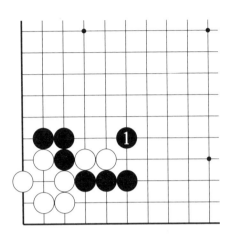

黑1枷就是最好的办法。读者可以自己摆摆试试，看这两个白子还能不能逃脱。

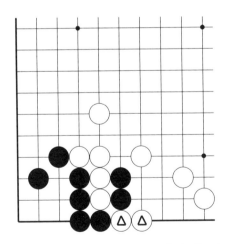

如果能把边线上的两个白△子吃掉，白棋的边空将被一扫而光。

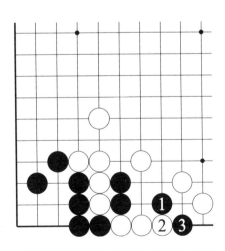

你想到黑1枷了吗?自然，黑1后，白2企图出逃的努力是徒劳的。

练习题

以下各图均为黑先，能吃住白△一子吗?

（1）
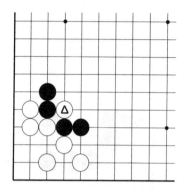

（2）
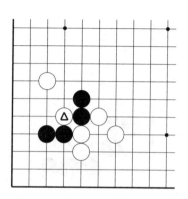

（3）
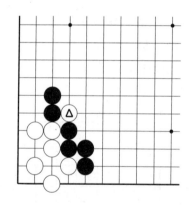

（4）
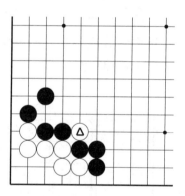

（5）
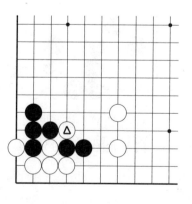

（6）
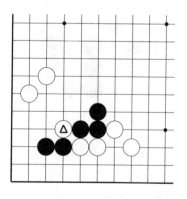

以下各图均为黑先，能吃住白△子吗？

（7）

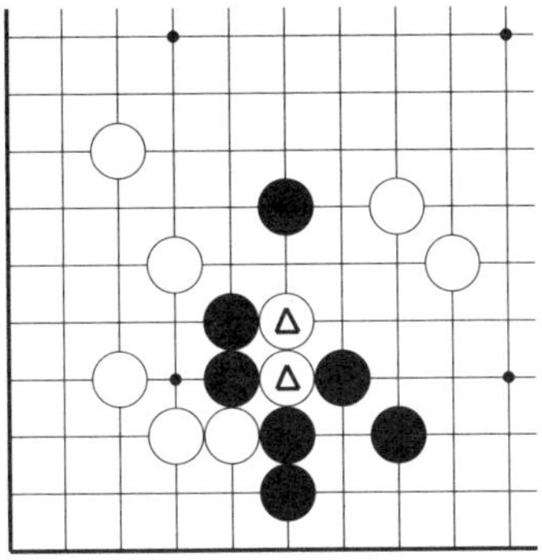

（8）

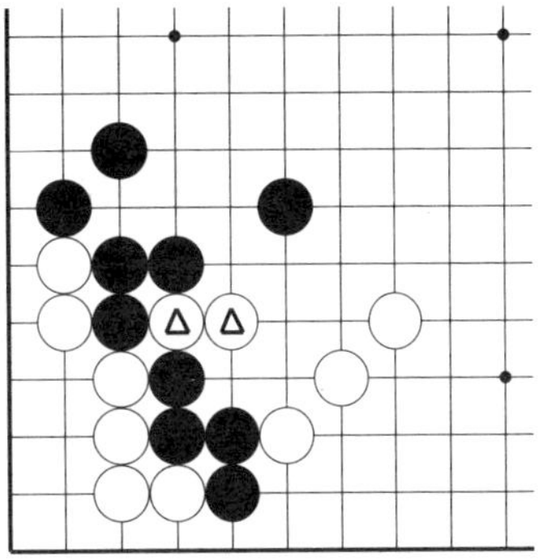

（9）

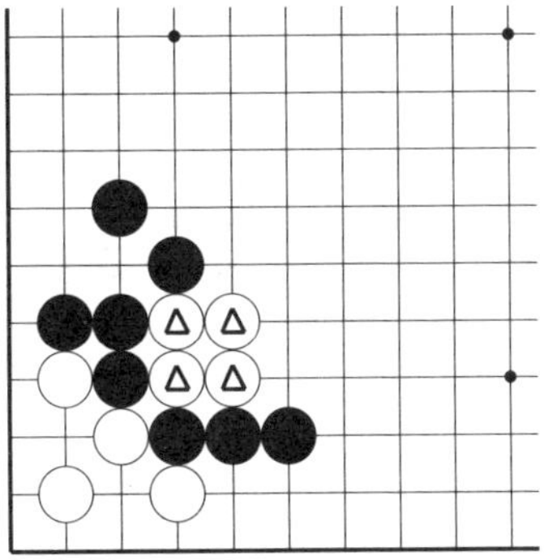

（10）

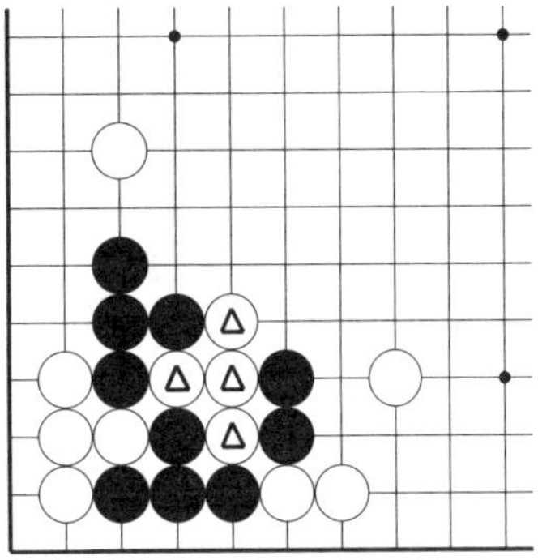

（11）

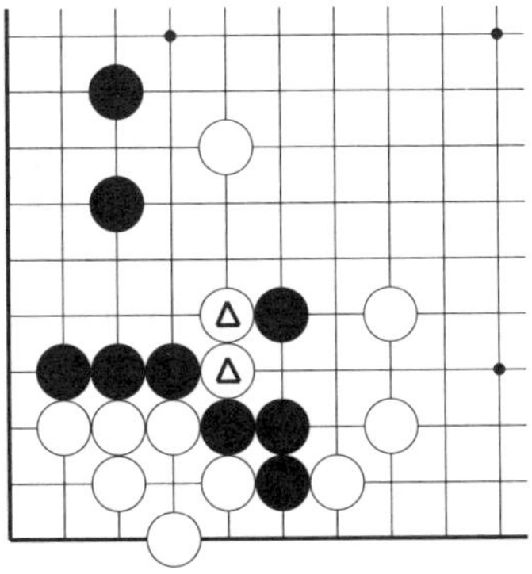

（12）

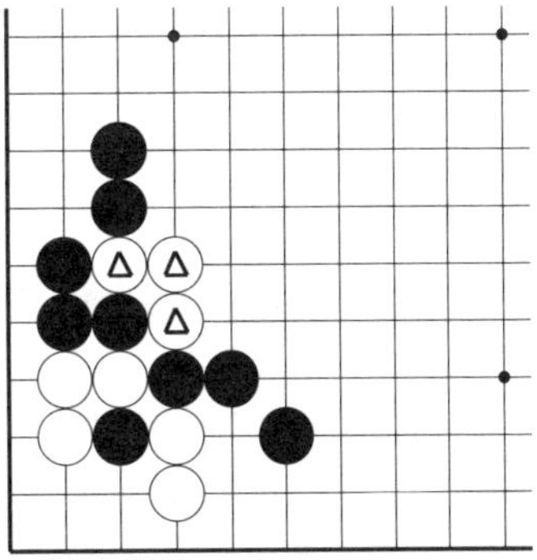

练习题解答

（1）

（2）

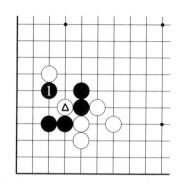

黑1可枷吃白⚇子。

黑1可枷吃白⚇子。

（3）

（4）

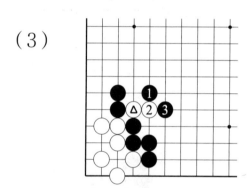

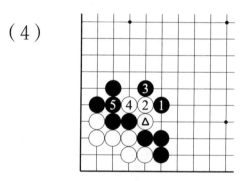

黑1可枷吃白⚇子。
白2时，黑3扳住即可。

黑1可枷吃白⚇子。
至黑5，白无计可施。

（5）

（6）

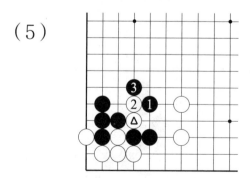

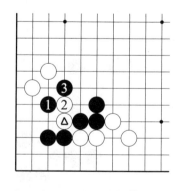

黑1可枷吃白⚇子。
白2时，黑3扳住即可。

黑1可枷吃白⚇子。
白2时，黑3扳住即可。

（7）

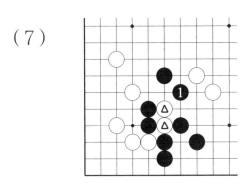

黑1可枷吃白△子。

（8）

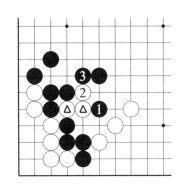

黑1顶，可吃住白△子。白2时，黑3挡即可。

（9）

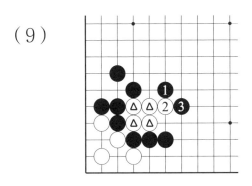

黑1可枷吃白△子。白2时，黑3扳即可。

（10）

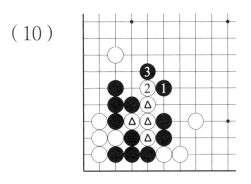

黑1可枷吃白△子。白2时，黑3扳即可。

（11）

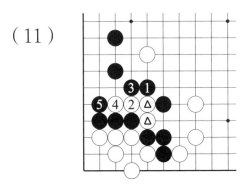

黑1扳，可吃住白△子。至黑5，白无计可施。

（12）

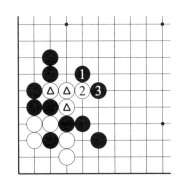

黑1可枷吃白△子。白2时，黑3扳即可。

15. 倒扑

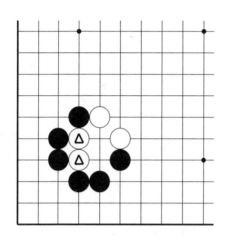

黑先，能够吃掉白△二子吗?

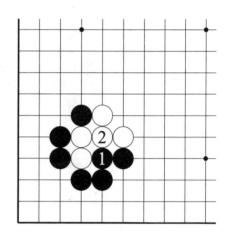

你要是只会下黑 1，被白 2 接上，就没戏唱了。

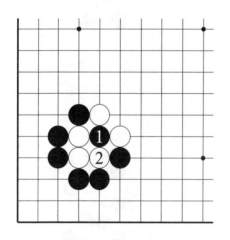

这时，需要运用倒扑的技巧，即黑 1 倒扑进去。白 2 虽然可以提一子，但是仍无法逃脱。

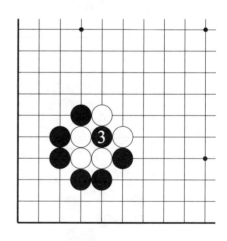

接上图，黑 3 再把白三子提回。实战中，你可能看不到左图白 2 的出现，因为白方知道反正提也没用。

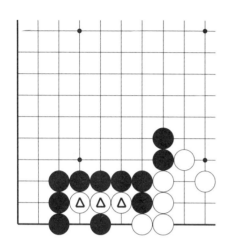

黑先，能够吃掉白△三子吗？

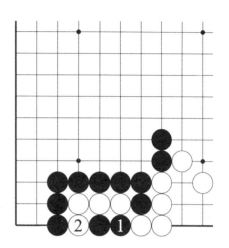

上例是黑棋先送吃一子，本例需要先送吃两子，即便白2提也于事无补。

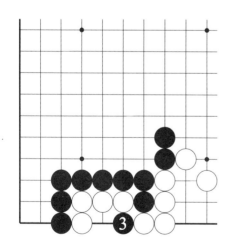

接上图，黑3再倒扑进去。倒扑吃也常被人称作吃倒包。

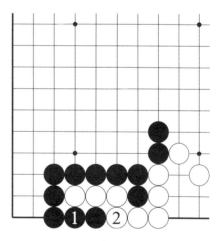

学会倒扑这种吃子技巧之后，你就再也不会像本图这样下黑1让白2去接上了。

练习题

以下各图均为黑先，能吃住白△子吗？

（1）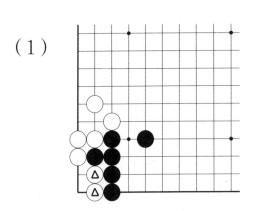

（2）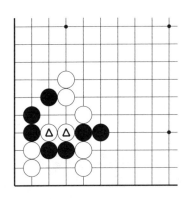

（3）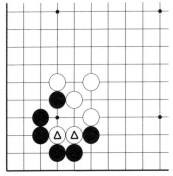

（4）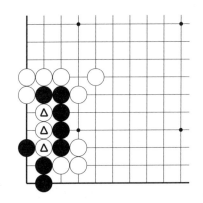

（5）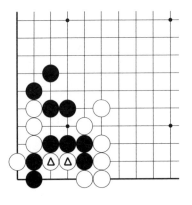

（6）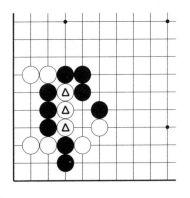

以下各图均为黑先，能吃住白△子吗？

（7）
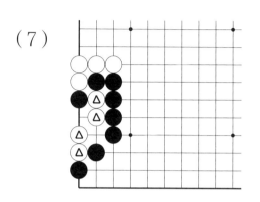

（8）
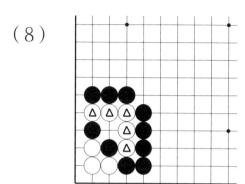

（9）
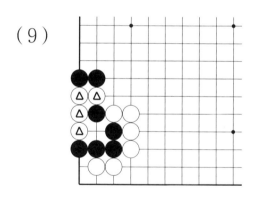

（10）
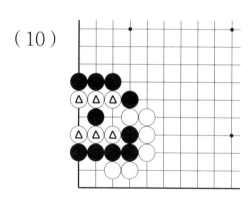

（11）
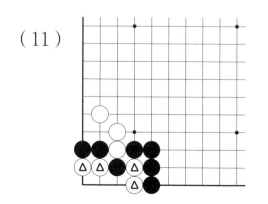

（12）
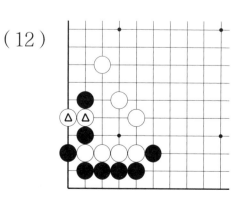

练习题解答

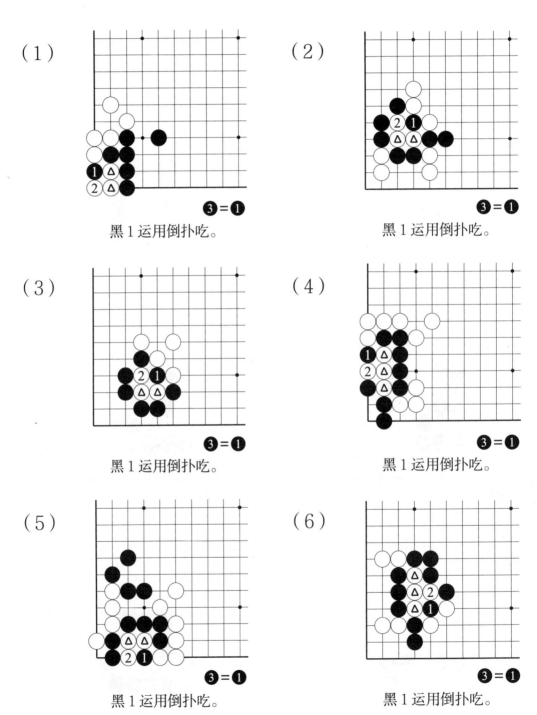

（1）

❸＝❶

黑1运用倒扑吃。

（2）

❸＝❶

黑1运用倒扑吃。

（3）

❸＝❶

黑1运用倒扑吃。

（4）

❸＝❶

黑1运用倒扑吃。

（5）

❸＝❶

黑1运用倒扑吃。

（6）

❸＝❶

黑1运用倒扑吃。

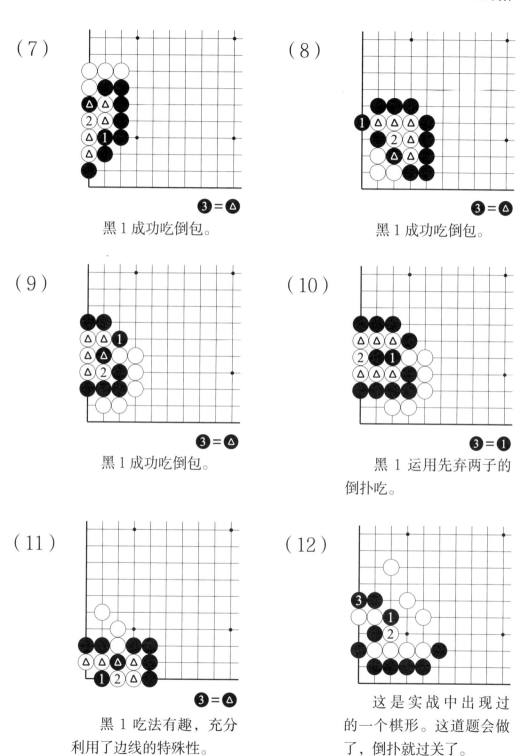

（7）

3 = △

黑1成功吃倒包。

（8）

3 = △

黑1成功吃倒包。

（9）

3 = △

黑1成功吃倒包。

（10）

3 = **1**

黑 1 运用先弃两子的
倒扑吃。

（11）

3 = △

黑 1 吃法有趣，充分
利用了边线的特殊性。

（12）

这 是 实 战 中 出 现 过
的一个棋形。这道题会做
了，倒扑就过关了。

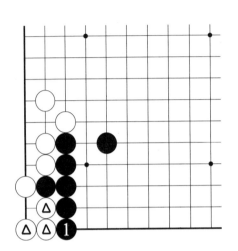

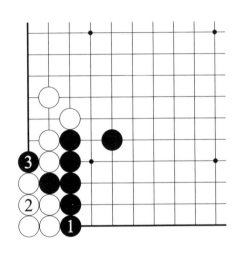

接不归是一种吃子的状态，指被打吃的棋子接不回去了。如本图，黑1打吃，白△三子接不归。

黑1打吃时，白2要是硬接，黑3提子更多。

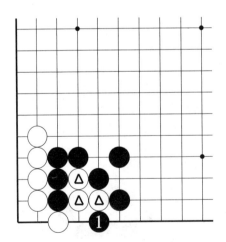

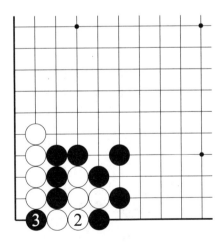

同样，黑1打吃时，白△三子接不归。凡接不归，都至少存在着两个断点。

接上图，白2要是硬接，黑3提子更多。

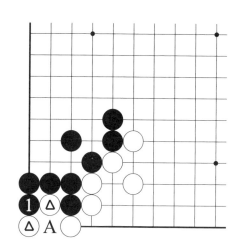

黑1打吃时，千万不要在A位接上两个白△子。

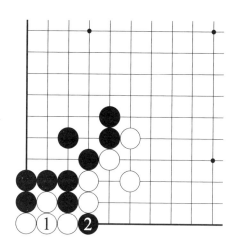

白1接的结果，只能是让更多的棋子被黑2提掉。

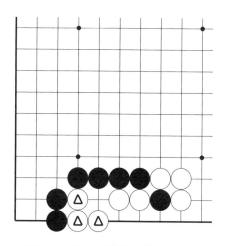

再来看看这个图，能吃住白△三子吗？

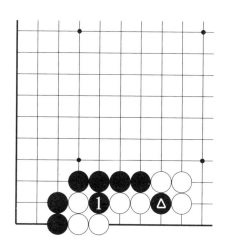

原来，黑1打吃时，这三个白子接不归，白阵中原有的黑△子仍可发挥余热。

练习题

以下各图均为黑先，能吃住白△子吗？

（1）
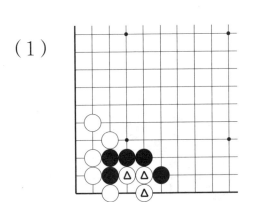

（2）

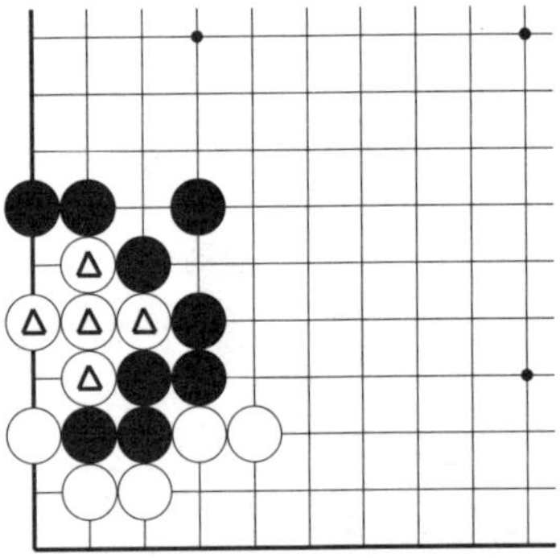

（3）
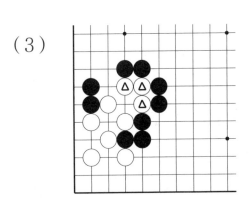

（4）

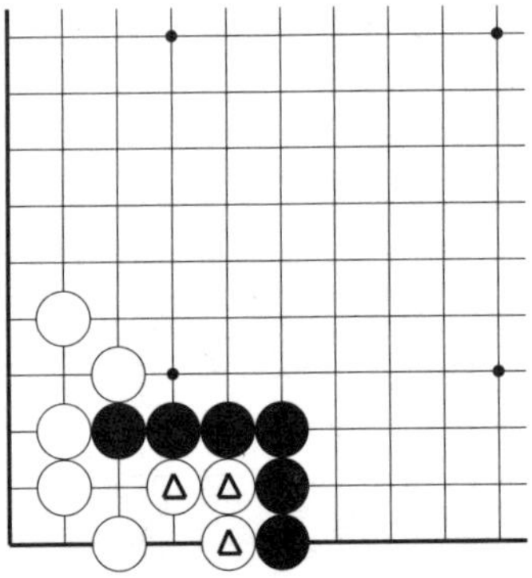

（5）
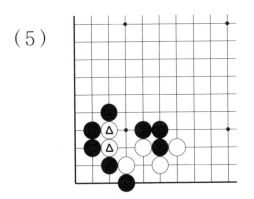

（6）
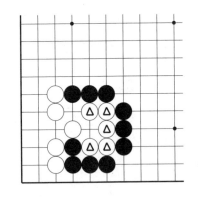

以下各图均为黑先，能吃住白⚪子吗？

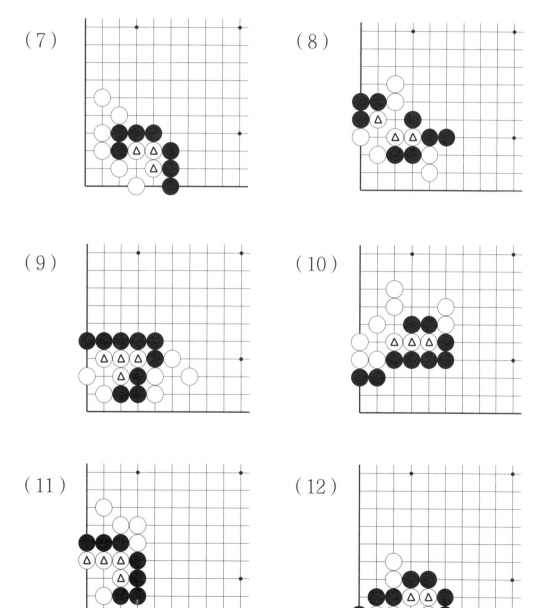

（7）

（8）

（9）

（10）

（11）

（12）

练习题解答

（1）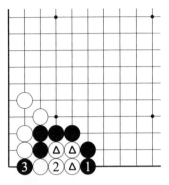

　　黑1吃白接不归。若白2接，黑3提子更多。

（2）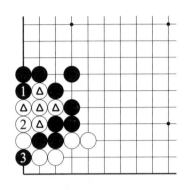

　　黑1吃白接不归。若白2接，黑3提子更多。

（3）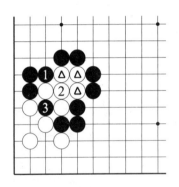

　　黑1吃白接不归。若白2接，黑3提子更多。

（4）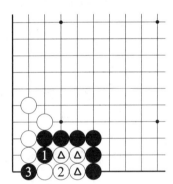

　　黑1吃白接不归。若白2接，黑3提子更多。

（5）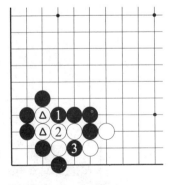

　　黑1吃白接不归。若白2接，黑3提子更多。

（6）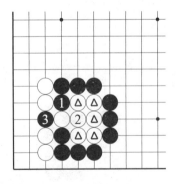

　　黑1吃白接不归。若白2接，黑3提子更多。

（7）

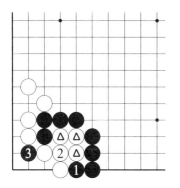

黑 1 吃白接不归。若白 2 接，黑 3 吃子更多。

（8）

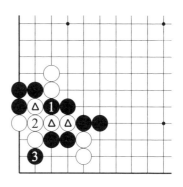

黑 1 吃白接不归。若白 2 接，黑 3 吃子更多。

（9）

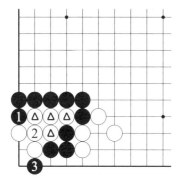

黑 1 吃白接不归。若白 2 接，黑 3 吃子更多。

（10）

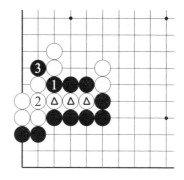

黑 1 吃白接不归。若白 2 接，黑 3 吃子更多。

（11）

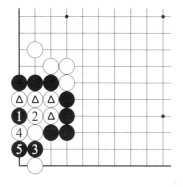

黑 1 打吃，白 2 接是没有用的，至黑 5，白全死。

（12）

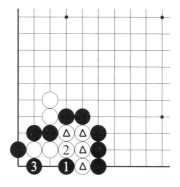

黑 1 打吃，白 2 接是没有用的，黑 3 再打吃，白全死。

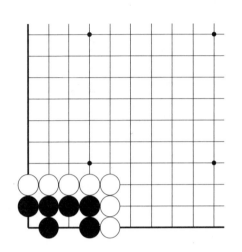

一块棋如果具备了两只眼，在任何情况下都是活棋。本图就是一个标准的两眼活棋。

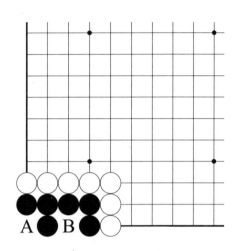

两眼活棋的道理很简单，因为 A 位和 B 位都是白棋的禁入点，而且一手棋又只能下一个子。

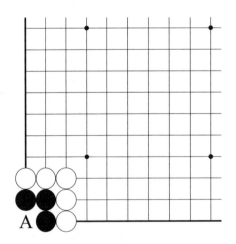

只有一只眼就活不了，黑棋 A 位就是一只眼，白下 A 位可以提。

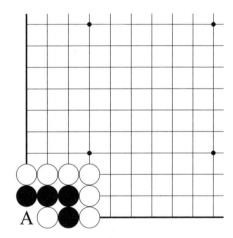

现在黑棋的这只眼虽然包含两个交叉点，但白下 A 位仍然可以提。

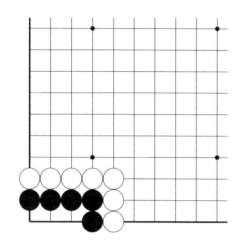

这块黑棋围起了三个交叉点，这种形状叫"直三"。

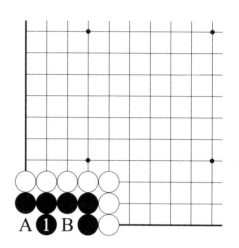

若轮黑下，黑必须马上黑1补活，就有了A位和B位两只眼。不过补活之后，也无"直三"可言了。

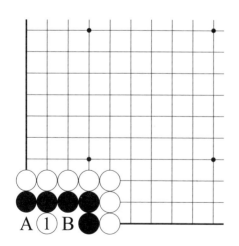

若保留着"直三"的原貌不动，则白1来点眼，尽管眼内A位和B位还空着，但这块黑棋已经死了。

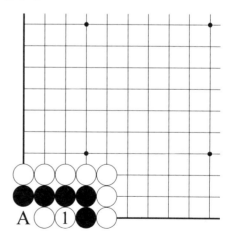

如果白棋愿意，随时可下白1去杀黑棋，黑下A位提后白再下1位打吃。只是白无此必要，只等局终数子时把角上的黑死子统统拿掉就是了。

练习题

以下各图均为黑先，怎样才能做出两只眼？

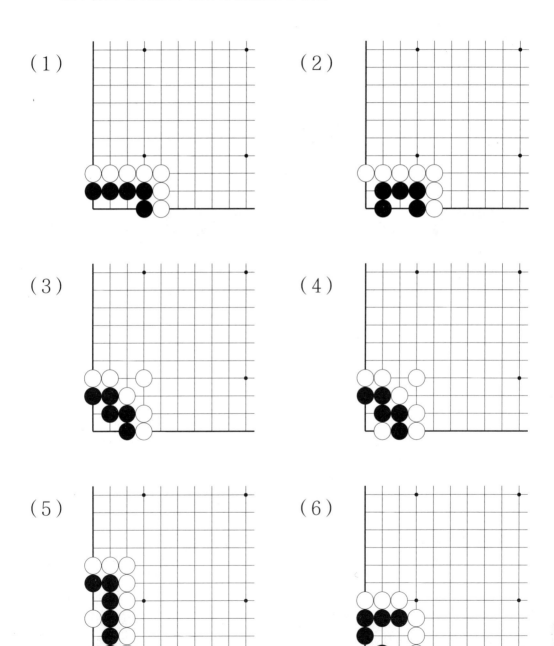

以下各图均为黑先，怎样才能不让对方做出两只眼？

（7）

（8）
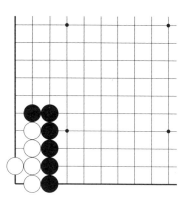

（9）
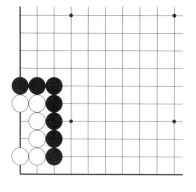

（10）
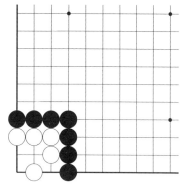

（11）
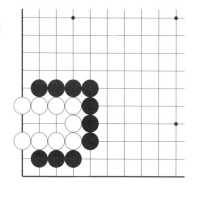

（12）
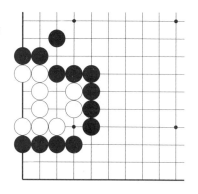

练习题解答

（1）

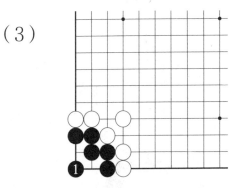

黑1做出了两只眼。

（2）

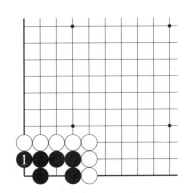

黑1挡，做出了第二只眼。

（3）

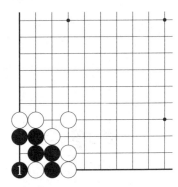

黑1做出了两只眼。

（4）

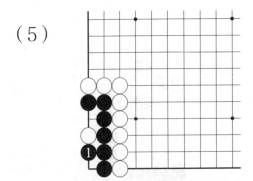

黑1提，正好做出两只眼。

（5）

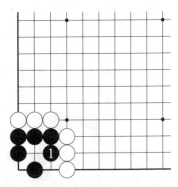

黑1必须补一手。若黑1不下，被白下在1位，这块黑棋就死了。

（6）

黑1挡，正好做出两只眼。

（7）

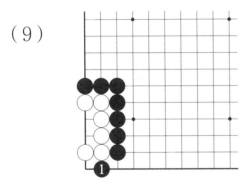

　　黑1长，不让白棋做出
两只眼。

（8）

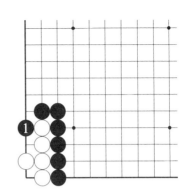

　　黑1扳，去掉了白棋的
第二只眼。

（9）

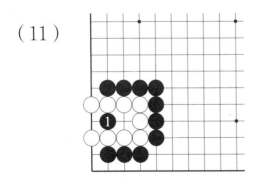

　　黑1扳，去掉了白棋的
第二只眼。

（10）

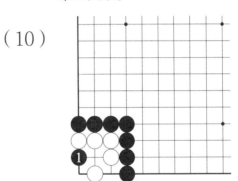

　　白棋眼里的形状叫"曲
三"，也叫"弯三"。黑1
在"曲三"中心位置点眼，
白棋只有一只眼。

（11）

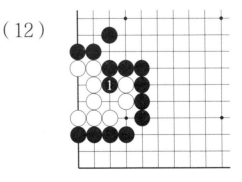

　　黑1在"直三"中心位
置点眼，白棋只有一只眼。

（12）

　　黑1冲，去掉了白棋的
第二只眼。

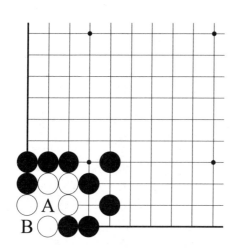

A 位只是一只假眼，不能称作眼。当然，B 位倒是一只真眼，但只有一只眼活不了。

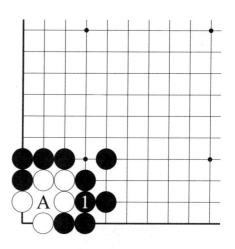

不知你看出来没有，一旦黑 1 打吃，下一步就可以 A 位提了。之所以会这样，是因为围在 A 位这个假眼周围的一圈子不是一个整体。

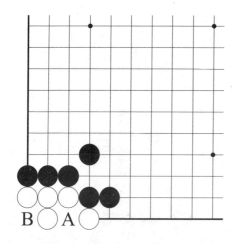

同样，B 位虽然是真眼，但 A 位是假眼。

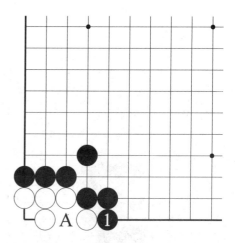

从黑 1 后可在 A 位提，就很容易判断出 A 位是假眼。

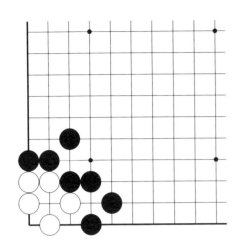

轮黑下，应怎样杀掉角上的白棋？

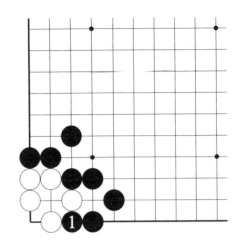

黑1卡，就把白棋的第二只眼给卡住了。所以，假眼也叫卡眼。

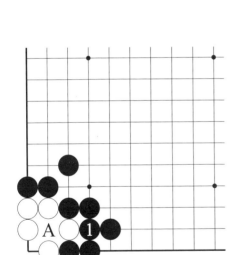

假设以后黑1打吃，接下来就能A位提了，A位是假眼再明白不过。

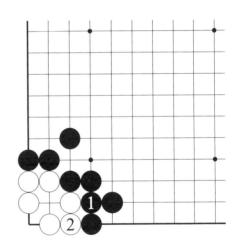

也许有人总想着先下黑1，然后黑再下2位。但黑1之后该白棋走，白2一团就活棋了。就算白2脱先，2位仍让黑占去，也就是原本只用一手棋即可解决的问题即用两手棋去吃白角，黑棋也亏了。

练习题

以下各图均为黑先，应如何做活？

（1）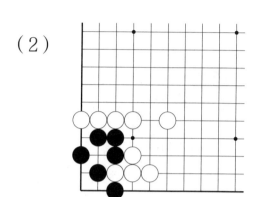 （2）

（3）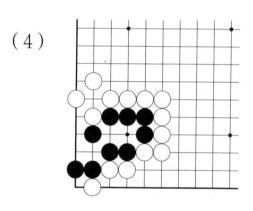 （4）

（5）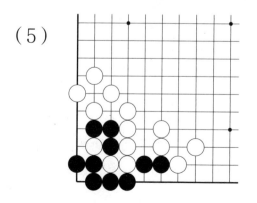 （6）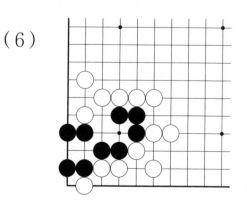

以下各图均为黑先，应如何杀棋?

（7）
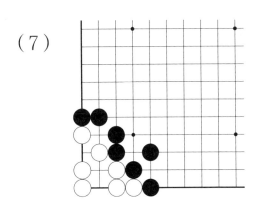

（8）
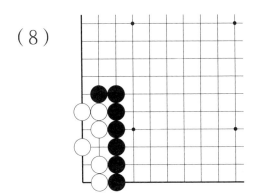

（9）
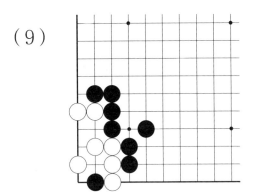

（10）
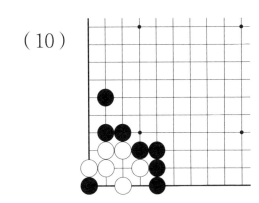

（11）
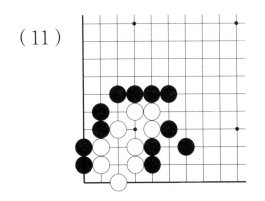

（12）
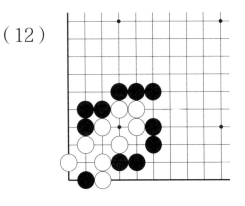

练习题解答

（1）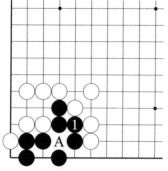

黑1团，确保A位是真眼。

（2）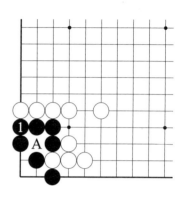

黑1团，确保A位是真眼。

（3）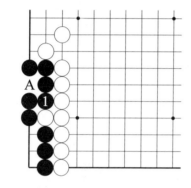

黑1团，确保A位是真眼。

（4）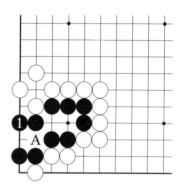

黑1立，确保A位有真眼。

（5）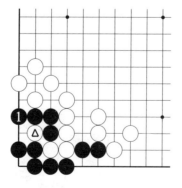

黑1立，确保△位有真眼。

（6）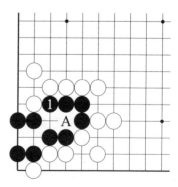

黑1挡，确保A位有真眼。

（7）

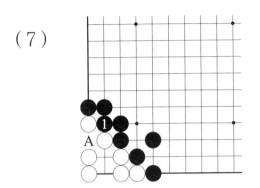

黑1卡，让A位成假眼。

（8）

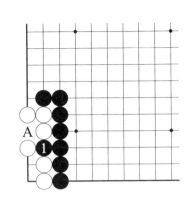

黑1卡，让A位成假眼。

（9）

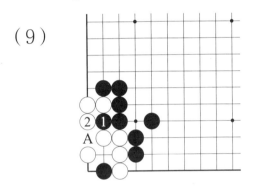

黑1冲，即使白2应，A位也是假眼。

（10）

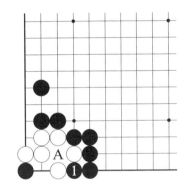

黑1卡，让A位成假眼。

（11）

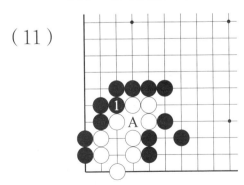

黑1卡，让A位成假眼。

（12）

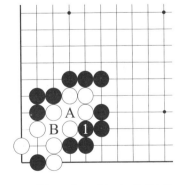

黑1卡，让A位和B位都成假眼。

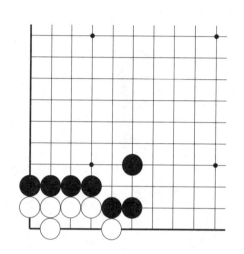

轮黑棋下，能把角上的白棋杀掉吗?

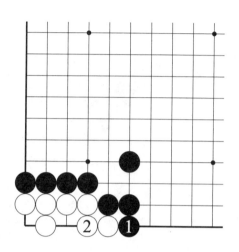

若黑1打吃，让白2接，杀棋的机会便瞬间消失。

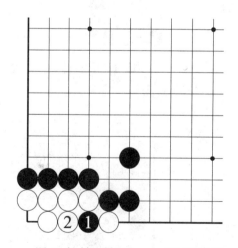

黑1扑恰到好处，一下子就把白棋的第二只眼给扑掉了。假设白2提。

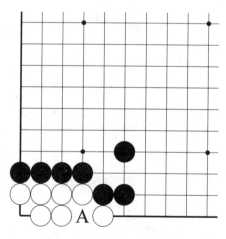

左图白2提后，A位也只是一只假眼。扑是一种行棋手法，在围棋中应用很广泛，我们现在说的只是运用扑来去眼。

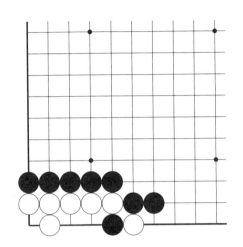

轮黑棋下，能把角上的白棋杀
掉吗?

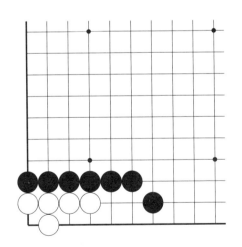

仍轮黑棋下，能把角上的白棋
杀掉吗?

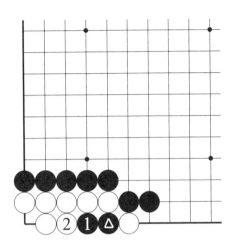

3 = **△**

这回黑 1 是先送出去两个子，
然后黑 3 扑，把白棋的第二只眼
扑掉。

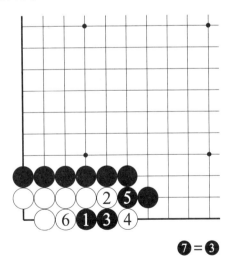

7 = **3**

黑 1 大老远地托进去，直至黑
7 扑，黑成功去眼。

练习题

以下各图均为黑先，如何杀白？

（1）

（2）
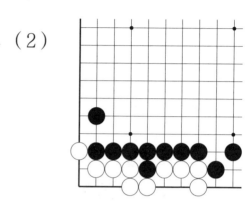

（3）

（4）
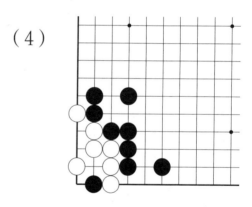

（5）

（6）
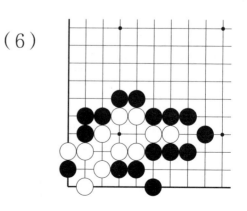

以下各图均为黑先，如何杀白？

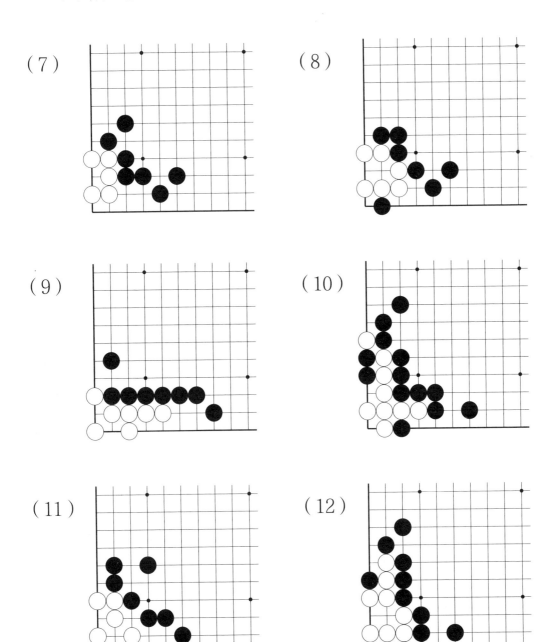

练习题解答

（1）

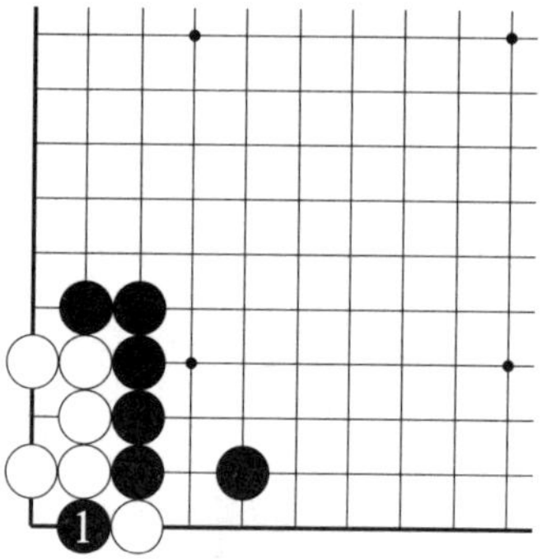

黑1扑，白棋不活。

（2）

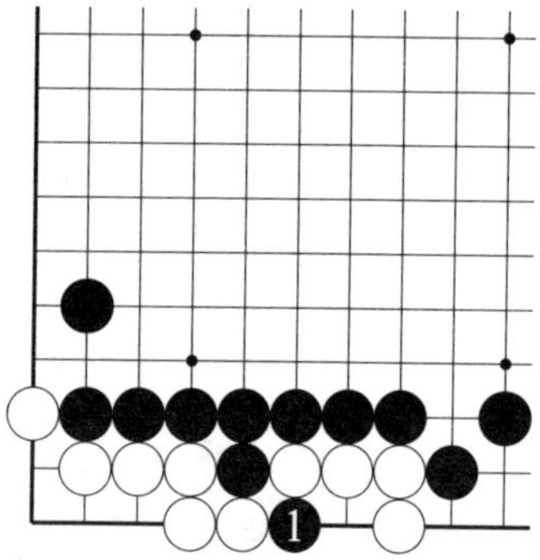

黑1扑，白棋不活。

（3）

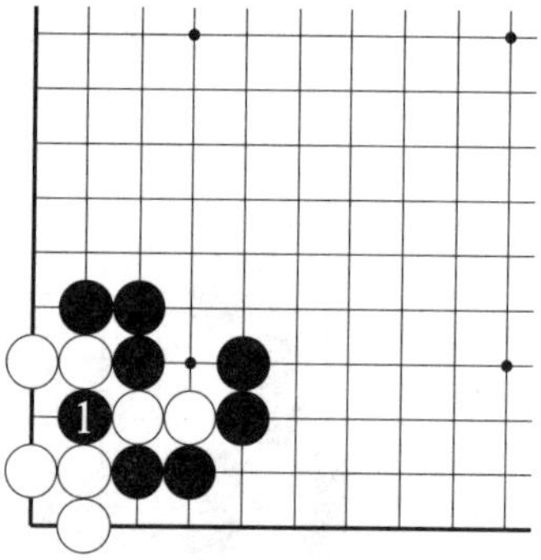

黑1扑，白棋不活。

（4）

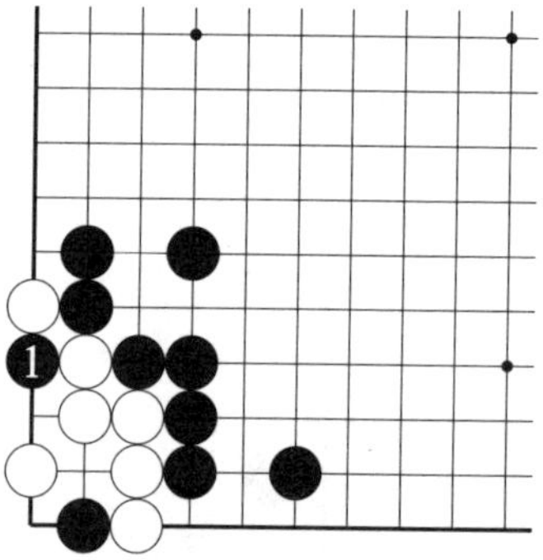

黑1扑，白棋不活。

（5）

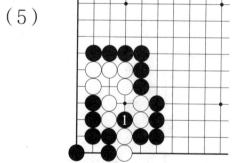

黑1扑，白棋不活。

（6）

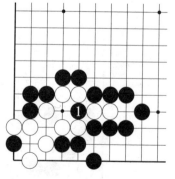

黑1扑，白棋不活。

（7）

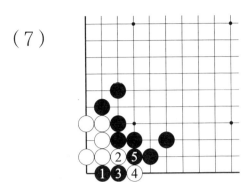

黑 1 托进去，至黑 5
断，白棋不活。

（8）

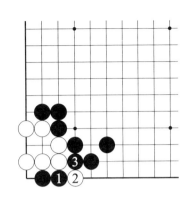

黑 1 退、黑 3 断，白
棋不活。

（9）

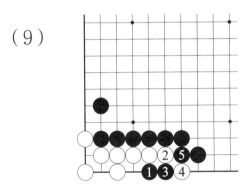

黑 1 托进去，至黑 5
断，白棋不活。

（10）

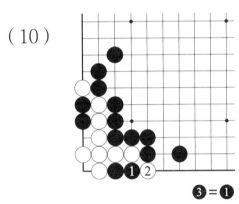

❸＝❶

黑 1 拉回一子，然后
黑 3 扑，白棋不活。

（11）

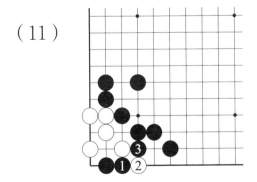

黑 1 拉回一子，然后
黑 3 断，白棋不活。

（12）

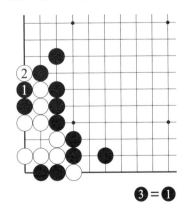

❸＝❶

黑 1 拉回一子，然后
黑 3 扑，白棋不活。

20. 直四和曲四

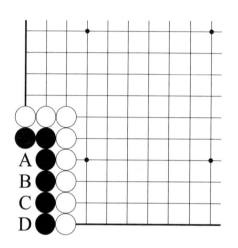

黑棋围起 A、B、C、D 直线形的四个交叉点，称"直四"。前面说过，"直三"是死棋，但"直四"是活棋。

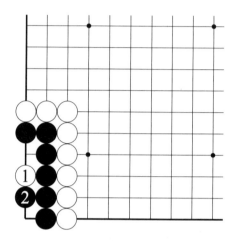

道理很简单，若白 1 点进来，黑 2 可稳稳当当地做出两只眼。

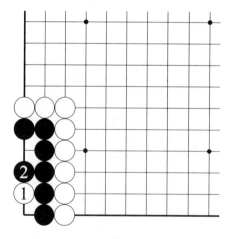

白 1 如换个位置，黑 2 应就是。当然，若 1 位和 2 位都被白占去，黑棋就死了。

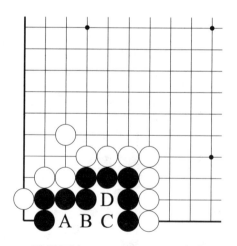

黑棋围起 A、B、C、D 弯曲形的四个交叉点，称"曲四"或"弯四"。前面说过，"曲三"是死棋，但"曲四"是活棋。

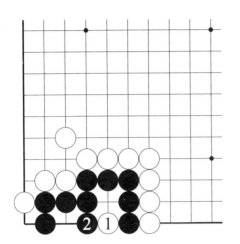

道理同样很简单，若白1点进来，黑2可稳稳当当地做出两只眼。

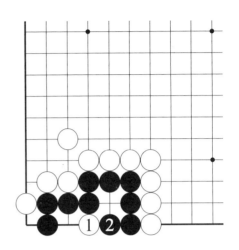

白1如换个位置，黑2应就是。当然，若1位和2位都被白占去，黑棋就死了。

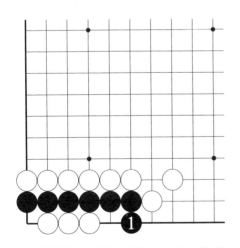

本图挺有趣，黑1后，依你看，黑棋是死还是活？

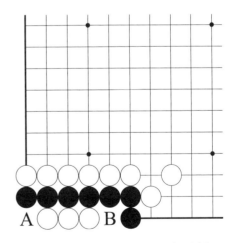

原来，角上的黑子和白子是双活，也叫共活或互活。现在，A位和B位谁都不敢先下，谁下谁不活！局终数子时，A位和B位算一人一个。

119

练习题

以下各图均为黑先，应如何做活？

（1）
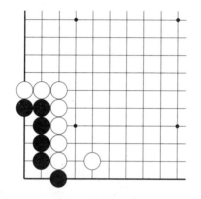

（2）
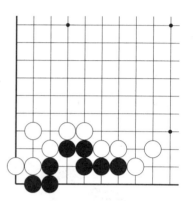

（3）
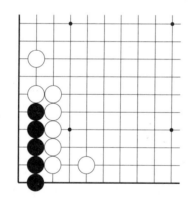

（4）
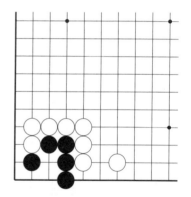

（5）
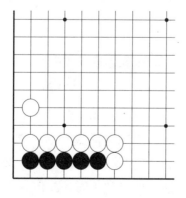

（6）
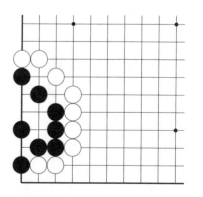

以下各图均为黑先，应如何杀棋？

（7）

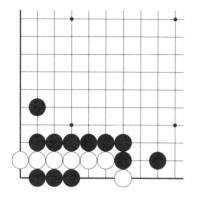

（8）

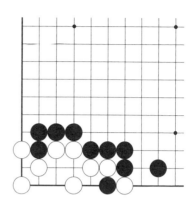

（9）

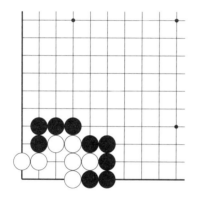

（10）

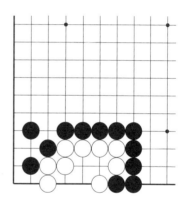

以下两图的白棋是处于双活状态吗？

（11）

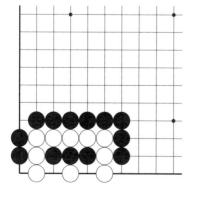

（12）

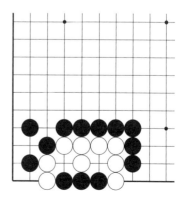

练习题解答

（1）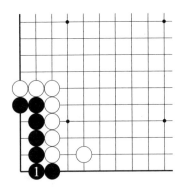

　　黑 1 接，确保直四活棋。

（2）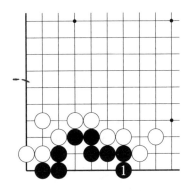

　　黑 1 立，确保曲四活棋。

（3）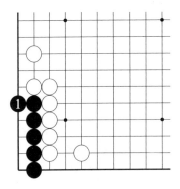

　　黑 1 立，确保直四活棋。

（4）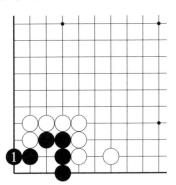

　　黑 1 立，确保曲四活棋。

（5）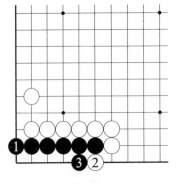

　　黑 1 立，确保活棋。即便白 2 来扳，黑 3 只需挡住，也是一个直四。

（6）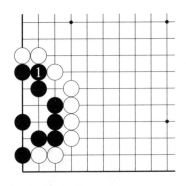

　　黑 1 团，确保曲四活棋。

（7）

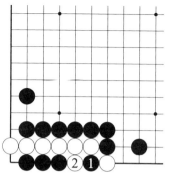

黑1扑，就算白2提，里面也只是直三，白死。

（8）

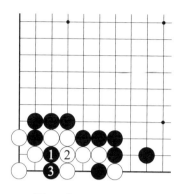

黑1打、黑3立，整块白棋只有一只眼。

（9）

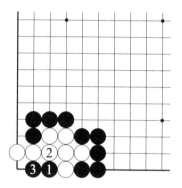

黑1打、黑3长，白死。黑1直接下3位，白也活不了。

（10）

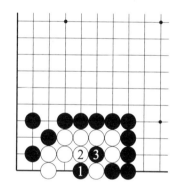

黑1打，白2必做劫而不可能在3位接。黑棋只能通过打劫来杀棋，称劫杀。

（11）

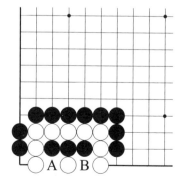

A位和B位谁都不敢放子，这里是双活。双活对白棋来说，相当于净活（干净的活棋，不附带任何条件）。

（12）

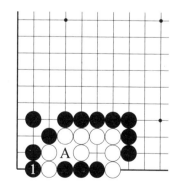

现在的白棋可不是双活，而是净死。全因A位有断点，你看，黑随时下黑1都可接着A位提。

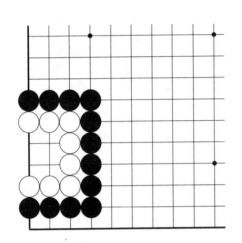

白棋围起的四个交叉点呈方块状，这种棋形叫"方四"，方四是死棋。

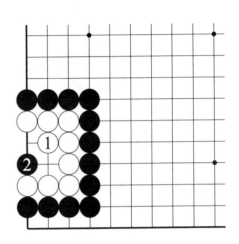

对方四，黑不用急于去点眼，即使白1走一手里面也只能成曲三，那时黑2再去点眼不迟。

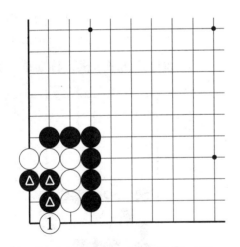

如本图，白1打吃黑△三子，黑该怎么办呢?

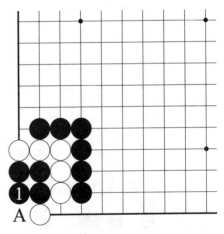

这时，黑1多送一子很要紧，若被白在1位提，白棋就活了。黑1后，即使白下在A位提也只是方四。

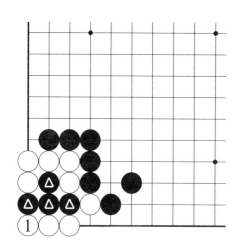

白 1 提黑 △ 四子后，里面是呈"丁"字形的四个交叉点，叫"丁四"，丁四是死棋。

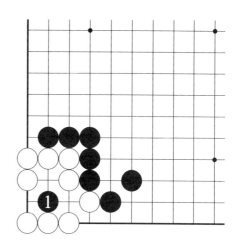

黑 1 在丁字路口点眼，白棋就做不出两只眼。

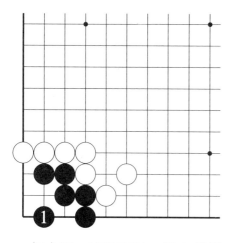

如本图，该黑下时，黑 1 是做活的要点。

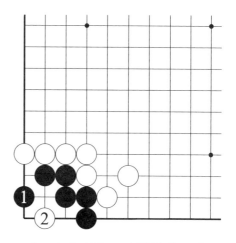

切不要下黑 1 这样的棋，使白2 到里面的丁四来点眼。

练习题

以下各图均为黑先，应如何做活？

（1）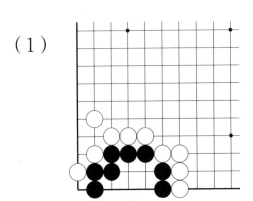

（2）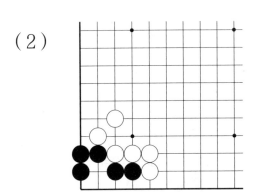

（3）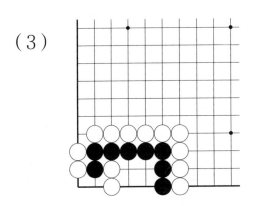

（4）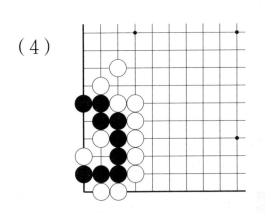

（5）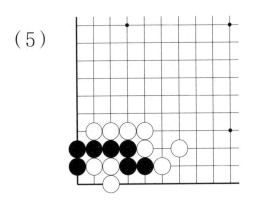

（6）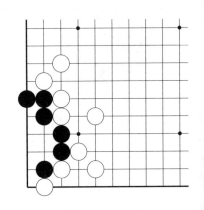

以下各图均为黑先，应如何杀棋？

（7）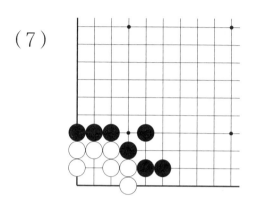

（8）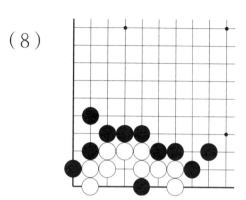

（9）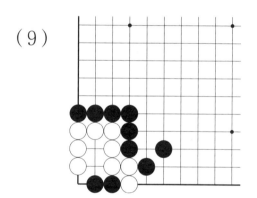

（10）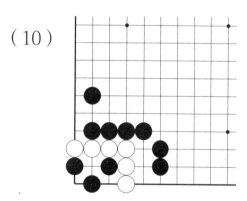

（11）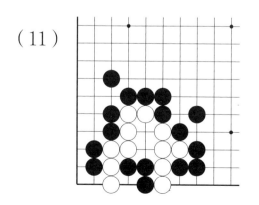

（12）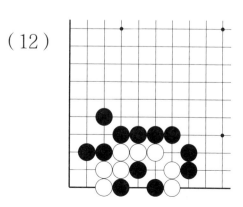

练习题解答

（1）

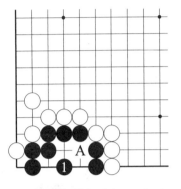

黑1是做活的要点，千万别下A位让里面成丁四。

（2）

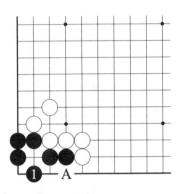

黑1是做活的要点，千万别下A位让里面成丁四。

（3）

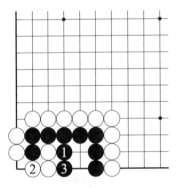

黑1正确，白2后，黑3可吃白接不归。

（4）

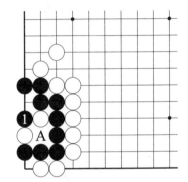

黑1并非要和白打劫，因白提劫后黑可A位吃，这叫"胀死牛"，黑净活。

（5）

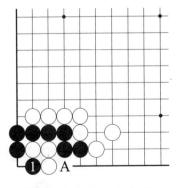

黑1并非要和白打劫，因白提劫后黑可A位吃，黑净活。

（6）

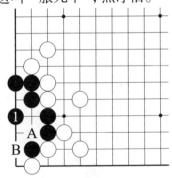

黑1是做活的要点，千万别下A位或B位。

（7）

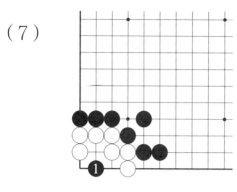

黑1是死活的要点。

（8）

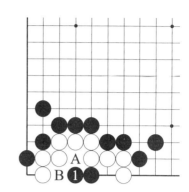

黑1后，里面早晚是个丁四，因为下 A 位和 B 位的权利属黑方。

（9）

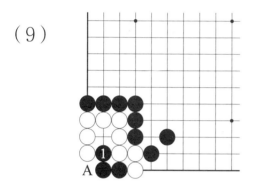

黑1后，里面是丁四，因为下 A 位的权利属黑方。

（10）

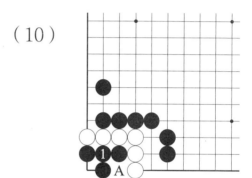

黑1后，即使白下 A 位后提黑四子，也只是个丁四。

（11）

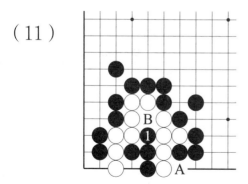

你看出黑1后里面是丁四了吗？要是加上黑 A、白 B，就一目了然了。

（12）

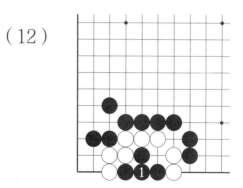

黑1自己接一手要紧，里面是丁四。

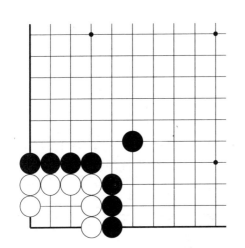

白棋围起的五个交叉点的形状像是一把刀，称"刀五"或"刀把五"。刀五是死棋。

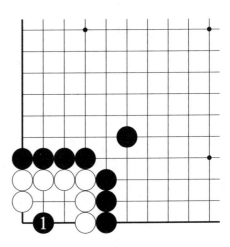

黑1在"刀把"处点眼，白无做出第二只眼的可能。

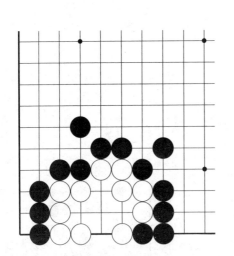

白棋围起的五个交叉点的形状像是一朵梅花，称"花五"或"梅花五"。花五也是死棋。

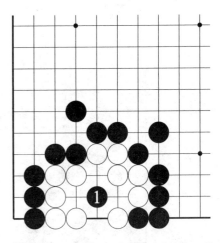

黑1在花中心点眼，白死。我们说什么样的形是死是活，都是指保留这种棋形的原貌不变，这是一个很重要的概念。

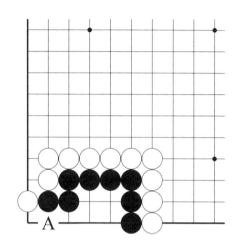

黑先，该如何做活呢？切莫下A位，那样里面是刀五，是死棋。

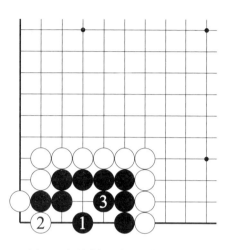

黑1才是做活的要点，接下来2位和3位这两点黑必得其一。

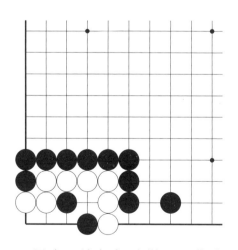

黑先，该如何杀棋呢？你应该想对方做活的要点在哪里，往往"敌之要点即我之要点"。

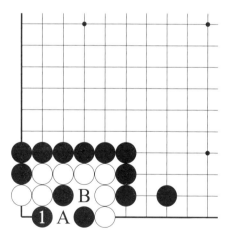

黑1就是死活的要点。里面成刀五，如果把A位和B位都摆上黑子就看得更清楚了。

练习题

以下各图均为黑先，黑应下在哪里？

（1）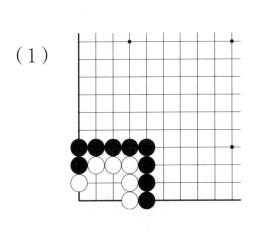

（2）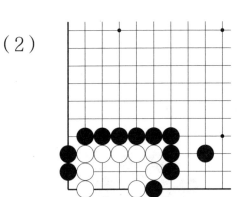

（3）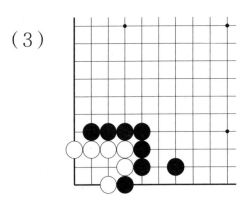

（4）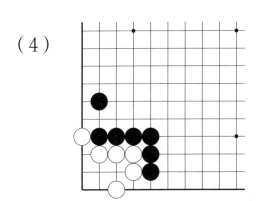

（5）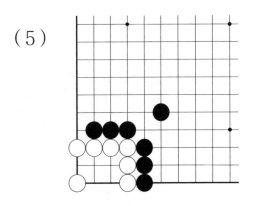

（6）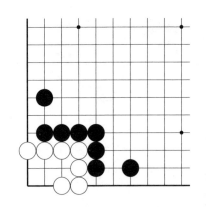

以下各图均为黑先，黑应下在哪里？

（7）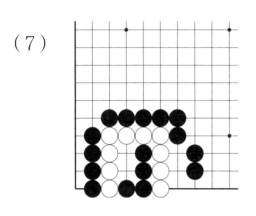

（8）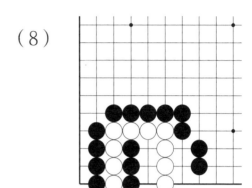

（9）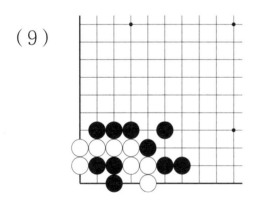

（10）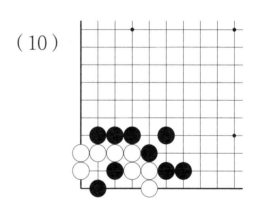

（11）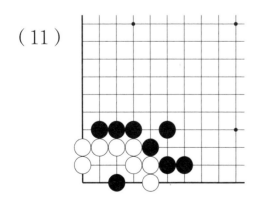

（12）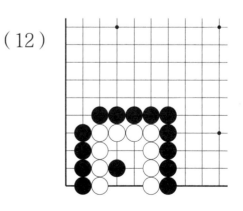

练习题解答

（1）

（2）
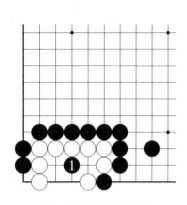

黑1是点杀的要点。

黑1是点杀的要点。

（3）
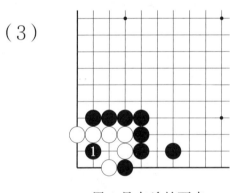

（4）
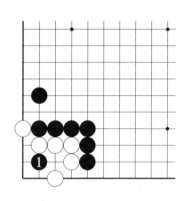

黑1是点杀的要点。

黑1是点杀的要点。

（5）
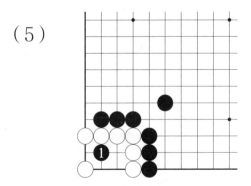

（6）
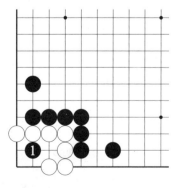

黑1是点杀的要点。

黑1是点杀的要点。

（7）

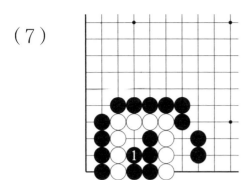

黑 1 后成刀五，若白
下 1 位则成曲四。

（8）

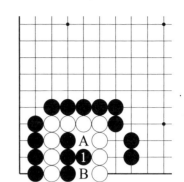

黑 1 后成刀五，因为
下 A 位或 B 位的权利属
黑。若白下 1 位成双活。

（9）

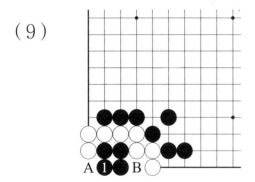

黑 1 后成刀五，因为下
A 位或 B 位的权利属黑。

（10）

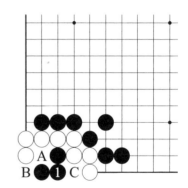

黑 1 后成刀五，因为
A 位、B 位、C 位这几个
点白都不敢下。

（11）

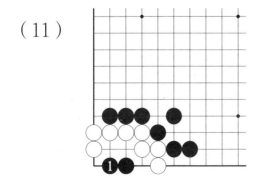

黑 1 后成刀五，若白
下 1 位是净活。

（12）

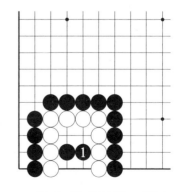

黑 1 后成刀五，若白
下 1 位是净活。

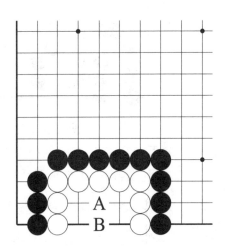

白棋围起的六个交叉点像是一块木板,这种形状叫"板六"。A、B 两点只要不被黑都占去,白棋就死不了。

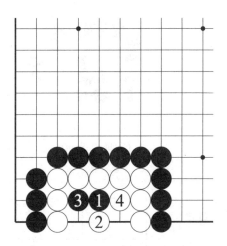

黑 1 占据一个要点,白 2 就占据另一个,至白 4,白两只眼做稳。所以,板六是活棋。

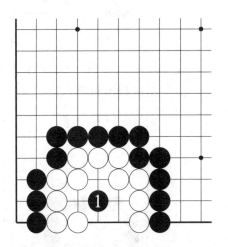

白棋围起的六个交叉点像是一串葡萄,这种形状叫"葡萄六"。黑 1 在中心位置点眼后,白是做不出两只眼来的。

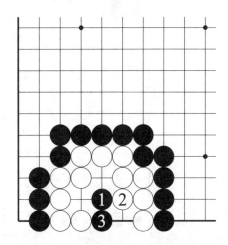

白 2 若接着黑 1 走,则黑 3 继续破眼,白无应手。所以,葡萄六是死棋。

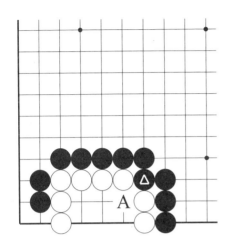

板六是活棋不假，但围成板六的棋子要连为一体，之中不能有断点。如本图，黑△明显卡断，黑A位可吃两子，自然无板六可言。

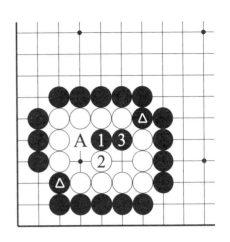

又如黑1来点眼，白2应，黑3时，白A位已不能放子，白死。此图白棋是断头板六，黑△两子中只要有一子改为白子，就没有断点了。

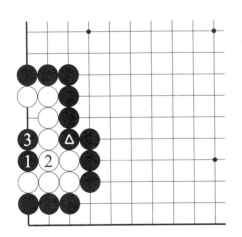

顺带说一下，前面讲过的曲四也可能有断头曲四。如本图，黑1打吃或直接下3位，白均死。若黑△子改为白子，就没有断点了。

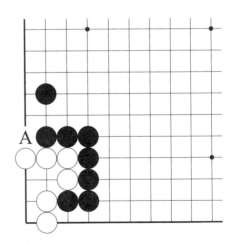

断头板六和断头曲四之所以被杀，除了连接不完善之外，还在于外围气紧。本图也是断头曲四，但因外面A位松着一口气，所以死不了。

练习题

以下各图均为黑先，黑应怎样下？

（1）

（2）

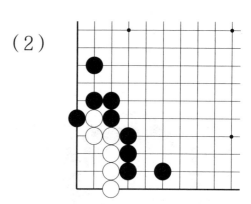

（3）

（4）

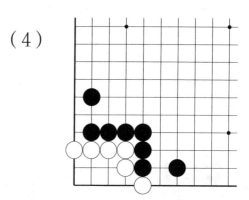

（5）

（6）

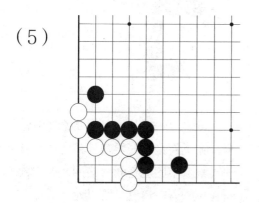

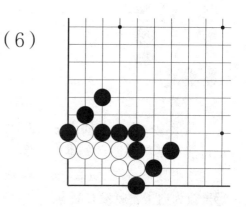

请你仔细看一看，黑 1 的下法是正确的吗?

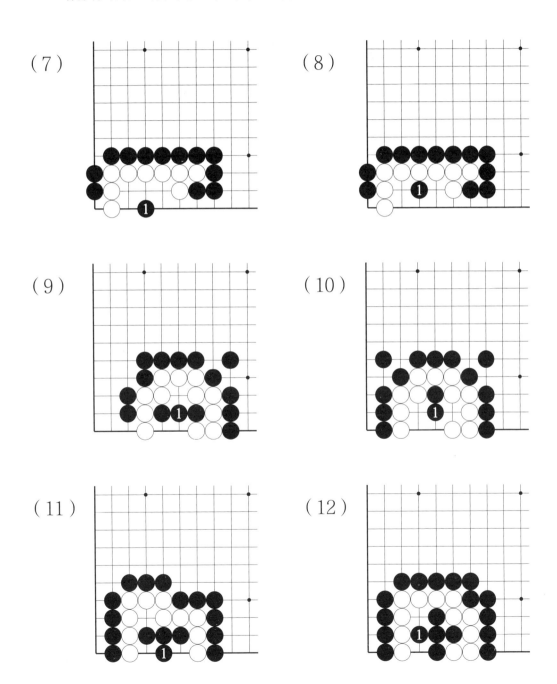

（7）

（8）

（9）

（10）

（11）

（12）

练习题解答

（1）

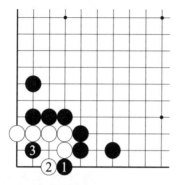

黑1扳，不让白成板六，再黑3点。

（2）

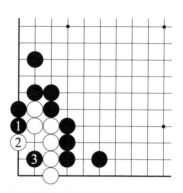

黑1爬，不让白成板六，再黑3点。

（3）

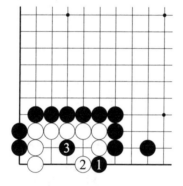

黑1扳，不让白成板六，再黑3点。

（4）

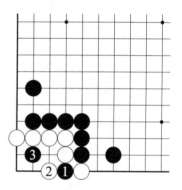

黑1扑，不让白成板六，再黑3点。

（5）

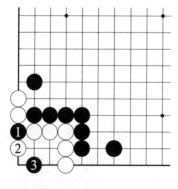

黑1扑，不让白成板六，再黑3点。

（6）

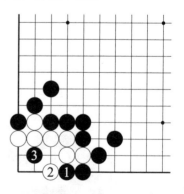

黑1爬，不让白成板六，再黑3点。

（7）

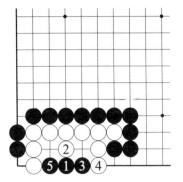

黑 1 错误，至黑 5 只能下成后手双活。过程中，黑 3 改下 4 位也不行，白可 3 位扑后吃黑接不归。

（8）

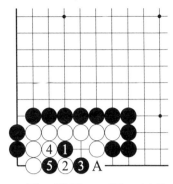

黑 1 错误，至黑 5 只能下成打劫杀。而原本黑 1 改在 A 位扳可轻松净杀。

（9）

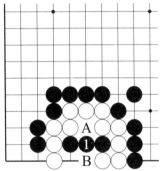

黑 1 正确，如果再在 A 位和 B 位摆上黑子，就更能看出里面是花五了。

（10）

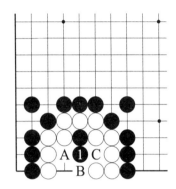

黑 1 正确，如果再在A 位、B 位、C 位摆上黑子，就更能看出里面是花五了。

（11）

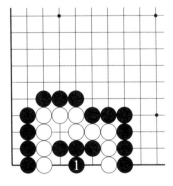

黑 1 错误，下了黑 1 后此处仍然是双活，白白浪费一手棋。

（12）

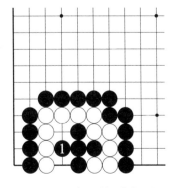

黑 1 正确，你看出黑 1 后里面是葡萄六了吗?

占角的位置

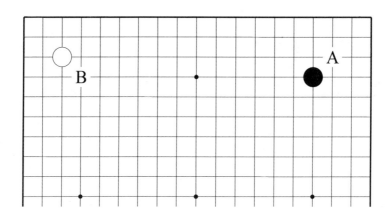

由于角地既容易做活又利于围空，所以一上来的几手棋总是走在角上。

黑子占角上星位，白子占三三的位置，我们把一个角上的这样的第一个子叫星和三三。星是两条势线的交点，优点是利于扩张，缺点是角部空虚，白只要在 A 位点三三便可夺角。三三是两条地线的交点，优点是占角确实，缺点是位置过低，黑只要下 B 位尖冲，白便被压至低位。

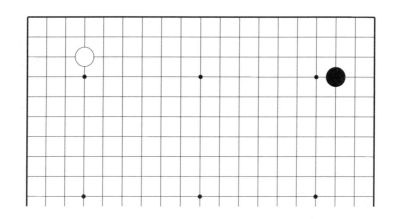

像黑子和白子这样的占角都叫小目。小目是地线与势线的交点，位置介于星与三三之间，优点是兼有二者的长处又弥补了二者的缺陷，缺点是行棋的步调显得慢了一些。

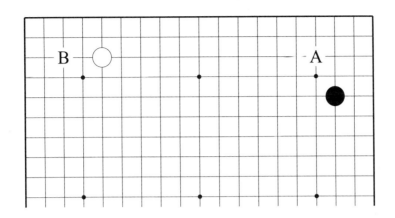

　　像黑子和白子这样的占角都叫目外。占据目外，有偏重于势力和控制边的意图。目外具有富于变化的魅力，但在实地上却不如小目。图中的白子占 A 位或黑子占 B 位，都可把角地夺去。

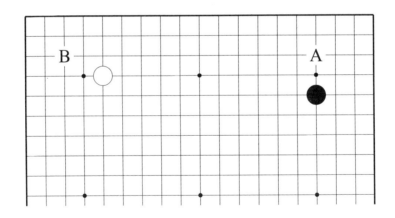

　　像黑子和白子这样的占角都叫高目。高目是四线和五线的交点，从其位置就可以看出，它把着眼点放在控制中央的形势上。高目有利于取势作战，但不利于实地。占高目后，角上仍很空虚，图中白子占 A 位或黑子占 B 位，即可轻松得角。

　　以上五种占角方式各有特点、各有利弊，很难说哪个好哪个坏，都要看实战运用是否得法。

除了三三能一手棋占住一个角之外，其他占角方式均不能做到这一点。因此，第一手占角之后，接着还需要守角。从理论上说，最需要紧接着再花一手棋守角的，应首推小目。

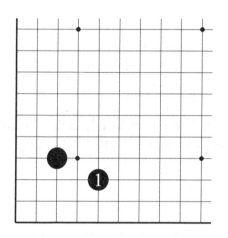

黑 1 小飞守角，这样的角被称为无忧角。

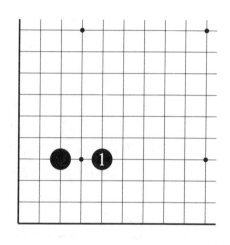

黑 1 单关守，这样的角称单关角。

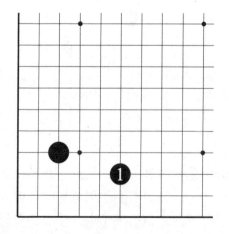

黑 1 大飞，比无忧角多开一路，对于控制边较为有利，但角地相对小飞守略显空虚。

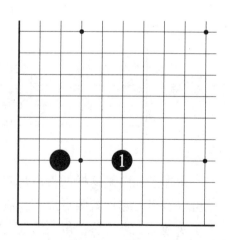

黑 1 大关，也叫大跳或二间跳，较利于取势，是被越来越多的棋手喜爱的守角方式。

守角也称"缔角",或简称"缔"。守角之所以格外重要,是因为如果你不守角,对方就要来挂角。守角是要守住自己的角地,挂角则是要侵分对方的角地,守角和挂角都是非常大的棋。

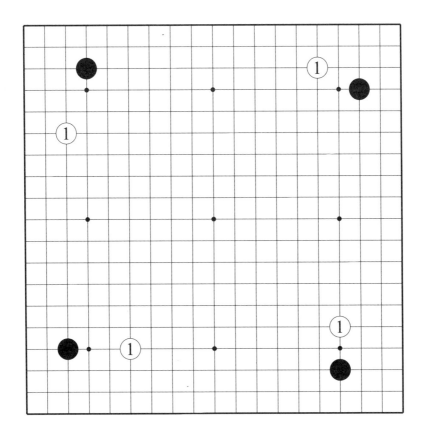

这是白棋对小目的四种挂法。右上小飞挂和左上大飞挂都是低挂,低挂较重视实地。右下一间高挂和左下二间高挂则较偏重势力。这几种挂法都很流行。

从图中我们可以看出,守角和挂角的点实际上是同一个,而这个点对双方来说都是好点。

并不是说，只有小目守角重要，采用其他方式占角后就不需要守角了。

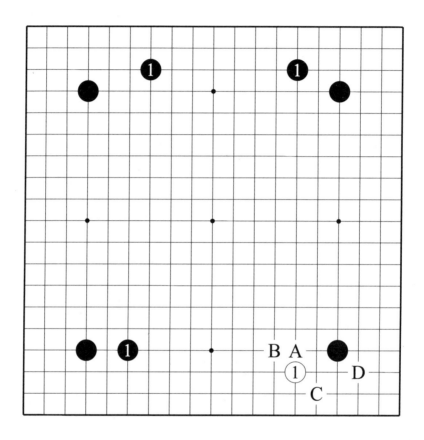

这是星守角和挂角的主要方式。右上是小飞守角，左上是大飞守角，左下则为单关守角。右下是对星的挂法。按照以往的经验，绝大多数是1位小飞挂，为了照顾势力时可在A位甚至B位挂，特殊情况下还可选择C位挂。但随着人工智能的出现，尤其是其具备了超人的能力，人类棋手开始大量模仿其下法。具体到对星的挂角，则更多棋手学着干脆直接在D位点角，一时占星后点三三蔚然成风，随之也出现了很多角部的新变化。不管怎么说，关键还是要根据棋手的不同风格，特别是要根据全盘的子力配合，来灵活地进行选择。

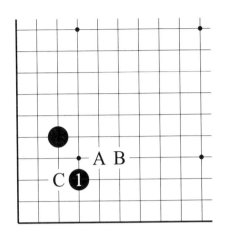

占目外后，再黑 1 小飞守，也是一个无忧角。黑 1 也可改在 A 位大围，甚至改在 B 位追求更大的气势。挂目外的点，则多在 1 位、A 位或 C 位。

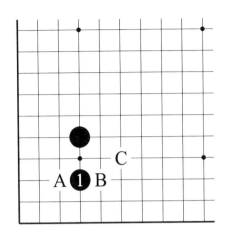

占高目后，再黑 1 跳下守，成了一个单关角。黑 1 也可改在 A 位，把角地守得更结实；还可改下 B 位甚至 C 位，强调外势作战。挂高目的点，则多在 1 位或 A 位。

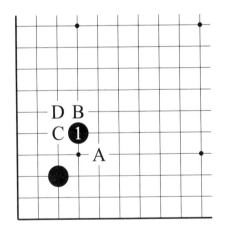

三三守角有一个与星位守角一样的特点，就是要讲究守角的方向。如黑 1 小飞加高，还可考虑 A 位小飞的方向。挂三三的点，包括 1 位和 B 位，还包括 C 位甚至 D 位。

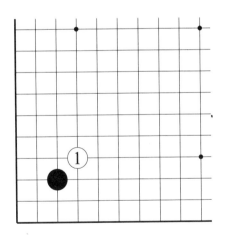

但对三三最普遍的挂法是白 1 尖冲，非要把黑棋彻底压低不可。

26. 拆边

在边上建立根据地离不开拆边。拆的幅度多大为合适，取决于二者间能否保持有效的联络。

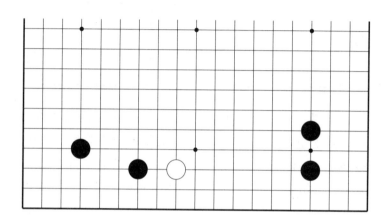

现在，白一子必须马上向右拆边，这是建立根据地的需要。

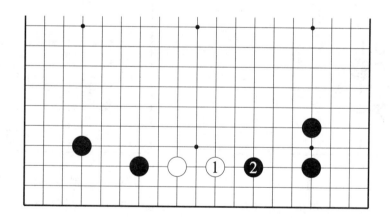

拆边有高拆、低拆之分，为建立根据地的拆边多数在三路上，在四路上拆则为高拆。本图白1谓拆一。拆一的两子虽联系紧密，但拆幅过窄，被黑2一拦，白顿感局促。

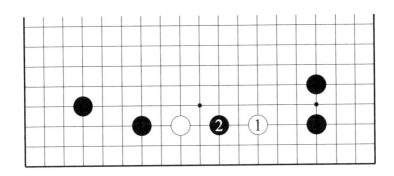

白1拆三，中间空隙又过大，被黑2打入，白左右就可能被分断。

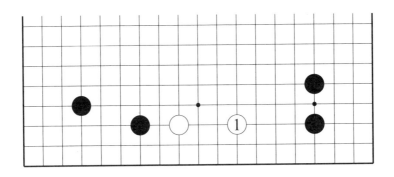

白1拆二才是适宜的，不大不小正合适。

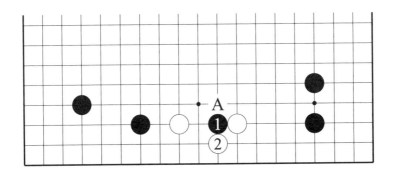

为什么拆二正合适呢？因为这是保持有效联络的最大幅度。黑1试图分断，白2在二路扳就连通了。有时候，白2也可能从上面在A位扳。

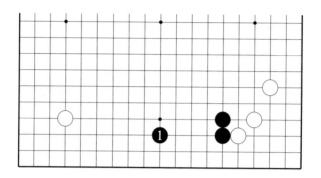

现在情况不一样了，黑 1 是以两子为背景开拆，两个子叫"立二"，立二拆三正合适。"立二拆三"，是自古以来便流传的棋诀。

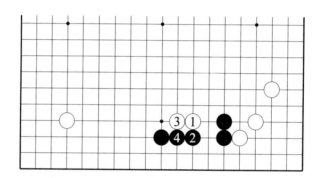

黑立二拆三之后，白 1 若选择在四路打入，黑 2、4 可从三路托过。

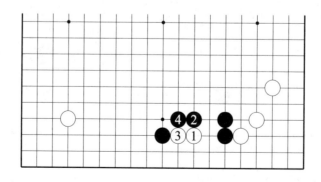

白 1 若选择在三路打入，黑 2、4 可在四路压过。

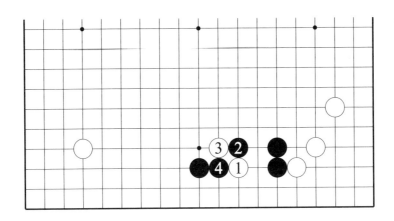

黑 2 压时，白 3 强扳无理，黑 4 断即可。由此可见，立二拆三的拆边方式是可以保持黑子之间的有效联络的。

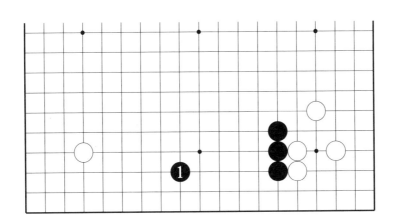

这次黑 1 拆四才合适，此时右侧立成一排的黑子已不是两个，而是三个，这叫"立三拆四"。

立二拆三、立三拆四，都是建立在有效联络基础上的最大开拆幅度。这种行棋方法，使我们看到了如何恰如其分地处理结实和效率二者之间的关系。

27. 定式

　　布局中出现挂角之后，双方的棋子在角部相互接触，经常出现局部战斗，直到一个战役告一段落。由于挂角的方式以及守角和夹攻的方式不同，因此在角部就形成了无数的变化。通过长期的经验积累和棋手们的反复研究，总结出了许许多多被大家所公认的双方得失大体相当的合理下法。这些合理下法，也可以说角部的这些变化，就是围棋中的"定式"。

　　定式的种类和数量极多，至今仍在不断发展和创新。我们学习围棋，当然不可能去背诵所有的定式，但对于基本的和常用的定式还是应有所了解并熟悉。掌握一定数量的定式，是下好布局的必要基础。下面提到的，只是有关定式的点滴知识，但能起到让大家知道定式是怎么回事的作用。

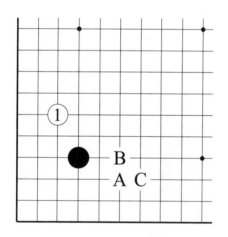

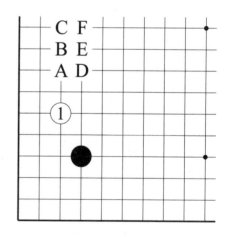

　　黑子占星位，由此引出的定式称星定式。白棋通常都是1位小飞挂。对小飞挂，黑可以立足于自身防守，如A位小飞、B位单关或C位大飞，其中以A位小飞守更为常见。

　　对小飞挂，黑也可以积极地展开夹攻，如A位、B位、C位的低夹和D位、E位、F位的高夹，还分为一间夹、二间夹和三间夹。实战中，以一间低夹和二间高夹较为多见。

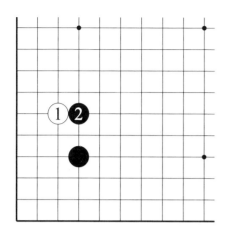

白 1 小飞挂时，黑除了自守和夹攻之外，黑 2 还可以靠压，这种下法又称"倚盖"。黑 2 也可能干脆脱先他投。

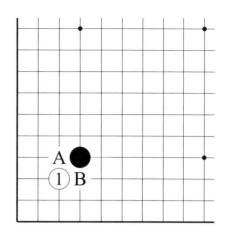

白 1 很可能直接点进来，黑总是或从 A 位挡或从 B 位挡。这要根据盘上子力配置灵活选择。

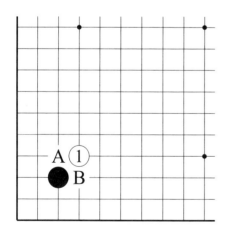

黑占三三，由此引出的定式称三三定式。对三三，白 1 尖冲最为普遍。黑棋总是要从一侧爬的，但选择 A 位还是 B 位要根据周围情况来定。

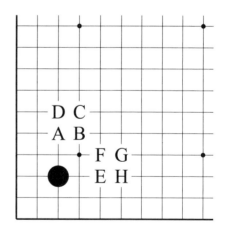

白对三三的挂法还可能是 A～D 位，则黑选择的应法多在 E～H 位这些相对称的位置。

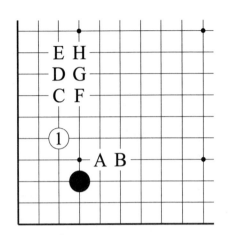

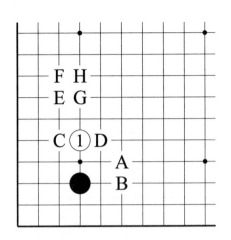

黑占小目，由此引出的定式称小目定式。白 1 是小飞挂。黑可选择在 A 位或 B 位自守，也可选择在 C~H 位夹攻。实战中，自守的下法和一间低夹、二间高夹较为多见。

白 1 是一间高挂。黑可选择在 A 位或 B 位自守，也可选择 C 位下托或 D 位上靠，还可选择 E~H 位的夹攻。实战中，选择 C 位、E 位、H 位的棋手较多。

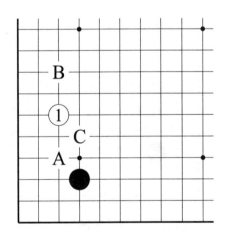

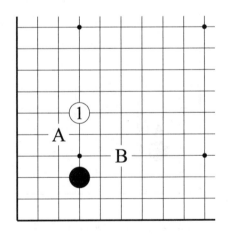

白 1 是大飞挂。黑无非或 A 位小尖自守，或 B 位一间低夹，特殊情况下还可能在 C 位跳。

白 1 是二间高挂。黑多应以 A 位飞或 B 位飞，根据场合也可能选择夹攻。

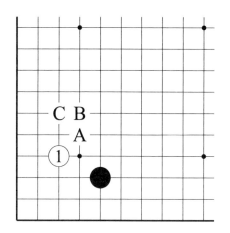

黑占目外，由此引出的定式称目外定式。对目外，白1通常是在小目位置上挂，对此，黑可走 A 位飞压、B 位飞罩或 C 位夹攻。实战中，以 A 位飞压最为常见。

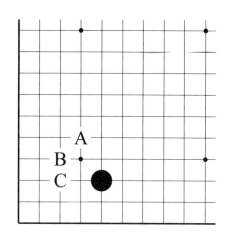

白棋也可能在 A 位挂，则黑多应以 B 位飞守角。白棋还可能在 C 位进角，则黑多应以 A 位飞罩。

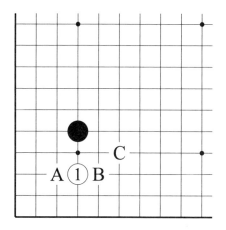

黑占高目，由此引出的定式称高目定式。对高目，白1通常也是在小目位置上挂，对比，黑可走 A 位内托、B 位外靠或 C 位飞封等。

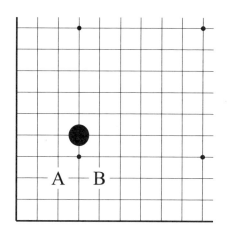

白棋也可能在 A 位进角，则黑多应以 B 位飞封。若白棋选择 B 位挂，则黑自然 A 位守住角地。

布局

布局的定式阶段虽双方亦有争夺，但多属于局部，且多在边角。现在我们要说的布局，其着眼点已从局部转向了全盘。下面介绍的只是一些基本知识，或者说是基本方法。

首先要注意大场先行。大场，顾名思义，即大的地方。除了占角、守角、挂角都是当然的大棋之外，我们一般说的大场，常常是指有利于开拓己方地域、扩展己方势力范围和妨碍对方开拓地域、限制对方扩展势力范围的好点。

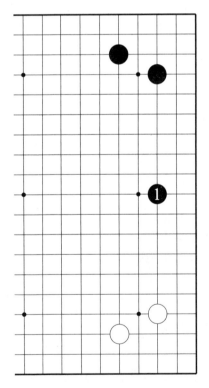

黑 1 是令双方瞩目的大场，既扩大了自己，又限制了对方。

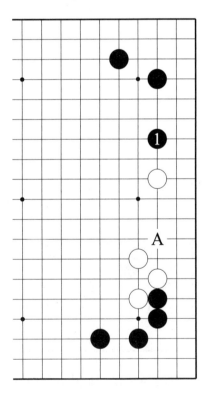

黑 1 拆二，既扩大了角地，又具有 A 位打入的后续手段。

其次要注意急所必争。急所，指急于抢占之处。那些关系到整块棋安危的地方当然是急所，比如是否能在边角建立根据地，一定要注意争先抢占。但在布局阶段，我们所说的急所，往往是指那些关系到双方的强弱或形势消长的要点。

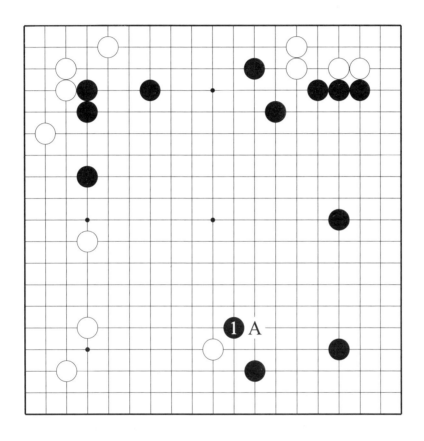

黑1飞，或者是被白A位飞镇，使双方的势力一消一长。黑1之后，黑棋的模样明显扩大，而白棋的势力发展受到了限制。当双方形成以互围模样进行抗争的局面时，这种要点的争占尤为重要。在日本的围棋术语中，把这样的地方称作"天王山"，意喻其分量之重。对局之中能否争到这样的要点，心情大不一样。

再次要注意高低配合。三线利于取地，但发展性较差；四线利于取势，但有点虚而不实。所以凡属好的结构，都是注意了高与低的配合，也就是充分发挥了子力的作用。

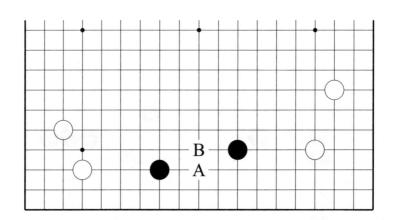

要让两个棋子间隔三路而又能保持有效联络，大概只能属本图这样两个黑子一高一低的配置了。在这里，白A位打入时黑B位压过，白B位打入时黑A位托过，总是不能把两个黑子截然分开。

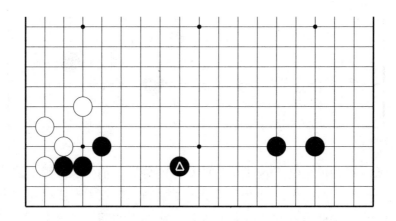

黑子高低配合，错落有序，即便从视觉上也让人觉得舒服。由于两边黑子的位置都比较高，▲子位置低一些就很合适。如果▲子也放在四路线上，下边显得太空虚，白棋打进来比较容易。

还要尽量争取两翼张开。

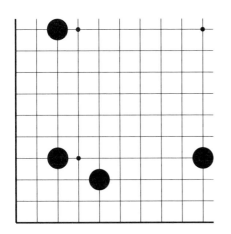 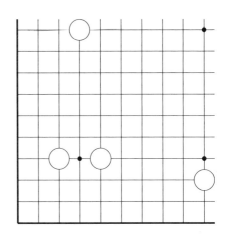

这两个图的黑子和白子分别以角地为依托，形成了两翼张开的理想阵容。这样的阵容对方不易侵消，即便来打入，一般来说自己总能占住一边。

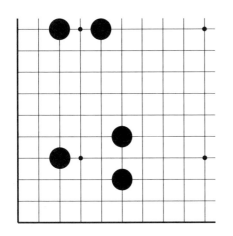 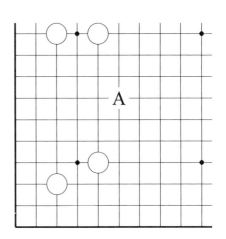

两翼张开阵形的一个很大优势在于成空效率高。围棋中有一句术语是"棋子围空方胜扁"，就是说同样子数围空，方的要比扁的大。方的，也就是立体形状，习惯上把这种形状叫"箱形"。上方两图中的黑棋和白棋就分别布成了一个比较理想的箱形。白棋若 A 位再补一手，别看用子数不多，围空却既多又实。

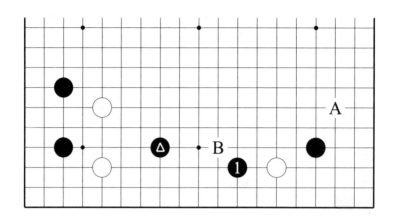

有一种战术叫夹攻。夹攻是不让对方在边上开拆，以利对其进行攻击。如果一个棋子既是拆边又是夹攻，那么这一子的效率就非常高。本图黑1就是连拆带夹。黑1若改下A位守，反过来被白占B位拆兼夹攻黑⚫一子，则双方攻守完全颠倒。

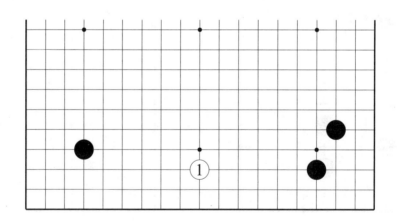

有一种战术叫分投。白1是好点，接着黑从左边拦白向右边拆，黑从右边拦白向左边拆，白总能拆到一侧。白1下了之后，总能在边上开拆，像这样的一手棋叫分投。自然，白1之后，选择从左边还是从右边拦逼的权利属于黑方。

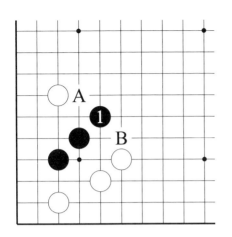

自己的棋要能出头，不要被封锁。黑1出头重要，也可改在A位或B位压出。若黑1不下，被白在1位封锁，马上黑二子危在旦夕。

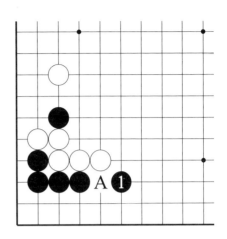

出头的目的并不是单纯为了求活。此时黑1跳出就是绝对的一手，尽管若黑1不下被白在A位拐下黑角也不致死。

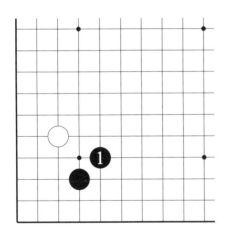

还不能忽视加高与压低这套组合拳。加高，是往中央扩张的战术。本图黑1尖起，可视为最简单的加高，利于向中腹发展。

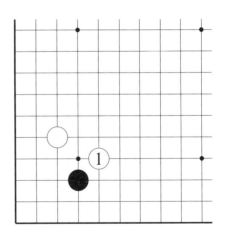

本图白1飞压，可视为最简单的压低，在压低的同时扩展己方的势力。加高与压低是相辅相成的，往往互为因果。

练习题

以下各图均为黑先，请在 A 和 B 中选择正确下法。

（1）

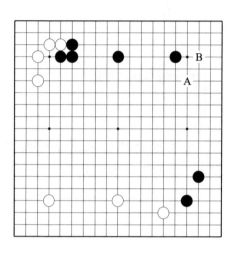

（2）

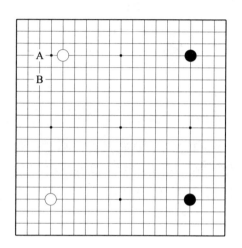

（3）

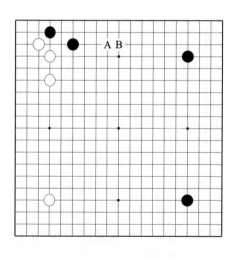

（4）

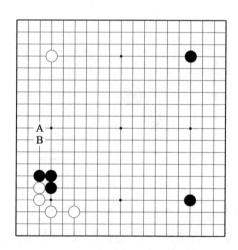

以下各图均为黑先，请在 A 和 B 中选择正确下法。

（5）

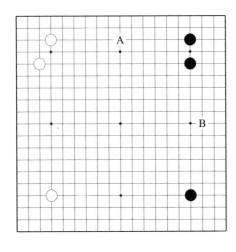

（6）

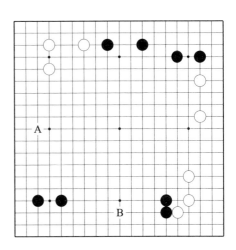

（7）

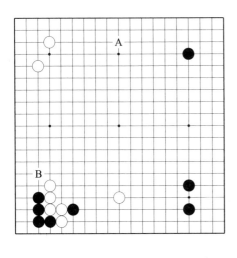

（8）

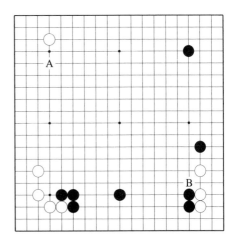

以下各图均为黑先，请在 A 和 B 中选择正确下法。

（9）

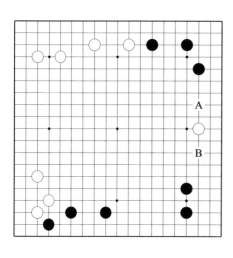

（10）

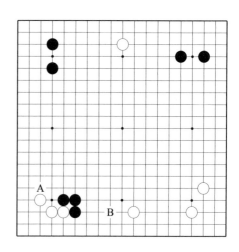

（11）

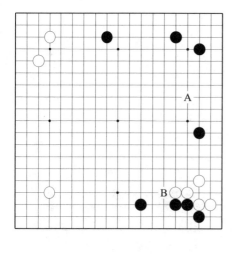

（12）

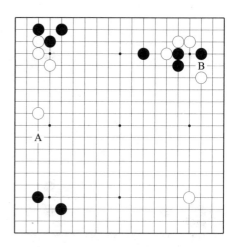

练习题解答

（1）

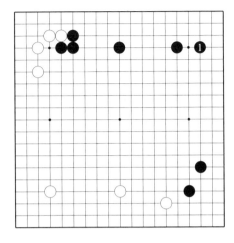

黑1守角最大。

（2）

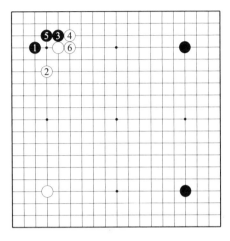

黑1挂角最大。至白6是定式下法。

（3）

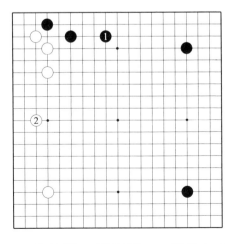

此处黑1只能拆二，其后白2拆通常不能省。

（4）

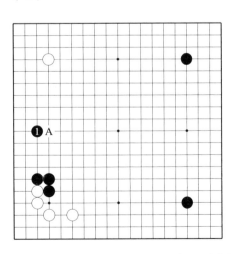

黑1立二拆三，也可高一路拆在A位。

（5）

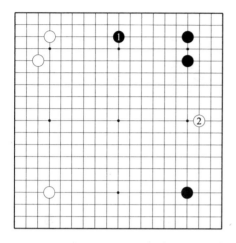

黑 1 是令双方瞩目的大场。白 2 在右边分投也很大。

（6）

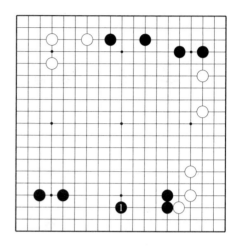

尽管左边大场很诱人，但黑 1 这个欠债不能不还。

（7）

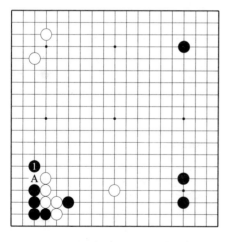

黑 1 出头是绝对一手，不能让白在 A 位先手拐下来。

（8）

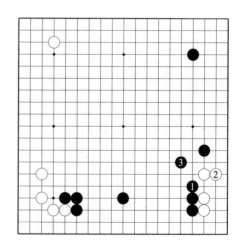

尽管左上挂角极大，但黑 1 挺头后黑 3 飞封更急。

（9）

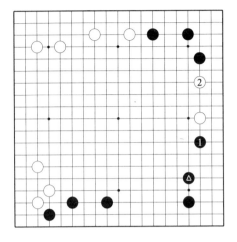

由于黑△位置较高，所以黑1拦适宜。

（10）

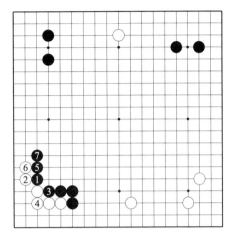

黑1靠下很重要，至黑7张势。

（11）

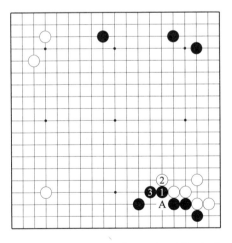

黑1、3不可省，绝不能让白在A位扳下来。

（12）

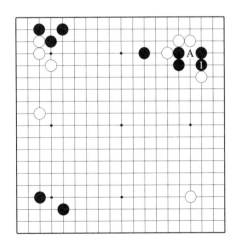

黑1双最急，被白A位冲断可是不得了的大事。

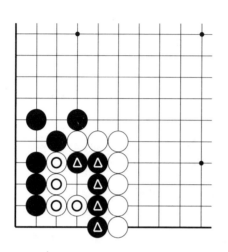

黑△子与白◎子之间对杀，黑先，结果如何？

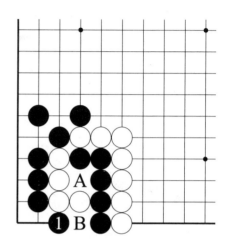

黑1扳，A位和B位白已都不能入气，黑杀白。

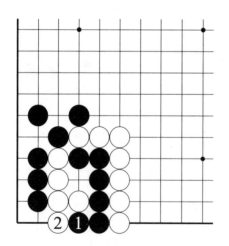

黑1要是如本图这样下，胜负立时颠倒。

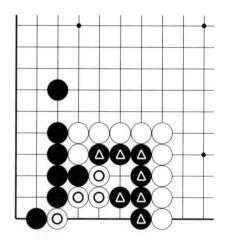

黑△子与白◎子之间对杀，黑先，结果如何？

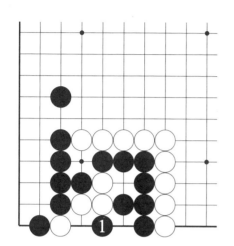

黑 1 这手棋，可以将左右黑子有效联络，黑杀白已不成问题。

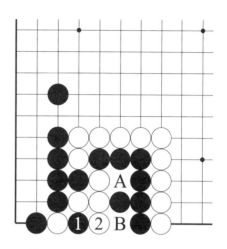

若黑 1 提一子，被白 2 挡下，因此时 A、B 两点谁都不能放子，黑只能后手双活。

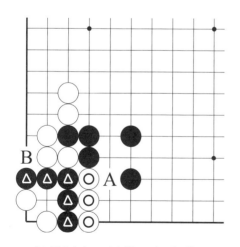

仍是黑先，黑▲子与白◎子之间对杀。黑若直接在 A 位紧气，白可 B 位叫吃，黑明显气不够。所以，需要黑要点手腕。

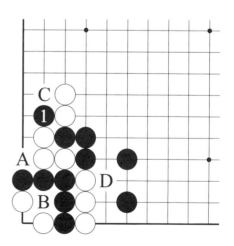

黑 1 断，击中了要害。因白此时 A 位、B 位均无法入气，只好 C 位打，黑再于 D 位紧气，白三子连同角里的白二子就都被吃住了。

练习题

以下各图均为黑先，能在黑●子与白◎子的对杀中获胜吗?

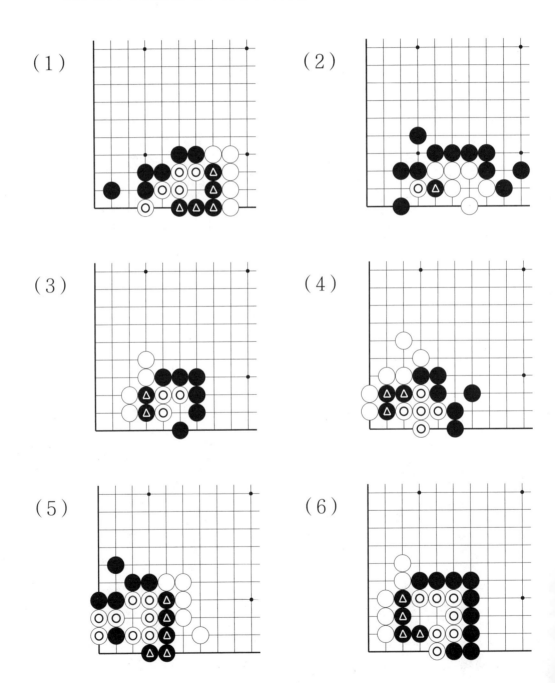

以下各图均为黑先，能在黑●子与白◎子的对杀中获胜吗？

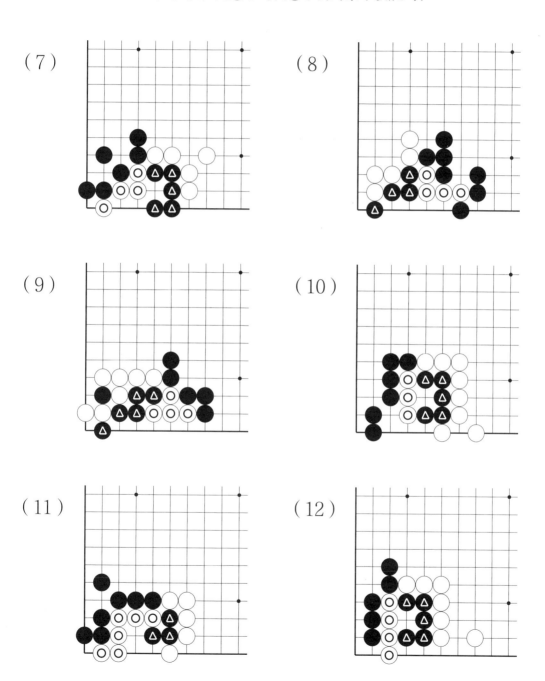

（7）

（8）

（9）

（10）

（11）

（12）

练习题解答

（1）

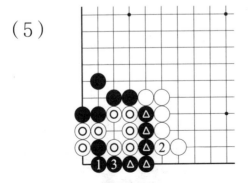

黑1打吃，白2若接，黑3可提。

（2）

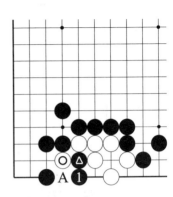

黑1立，白在A位不入气。

（3）

黑1立，白在A位不入气。

（4）

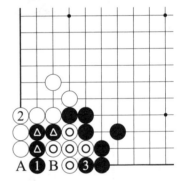

黑1立，人们把白A位、B位均不能入气的情形称作"金鸡独立"。

（5）

黑1立，情形与上一图大同小异。

（6）

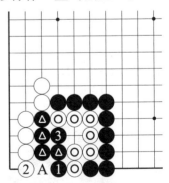

黑1贴，鉴于白A位不入气，黑3捷足先登。

（7）

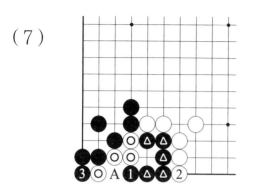

黑 3 后，白 A 位已不
入气。

（8）

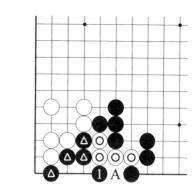

黑 1 扳，白已 A 位不
入气。

（9）

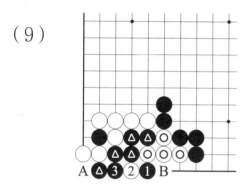

黑 1 扳，白 2 扑也没
用，之后 A 位、B 位白均
不入气。

（10）

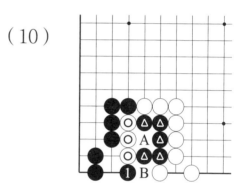

黑 1 扳，白 A 位、B
位均不入气。

（11）

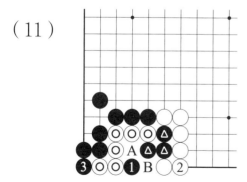

黑 1 尖是好棋，因 A
位、B 位白均不入气，黑
3 得以快一气杀白。

（12）

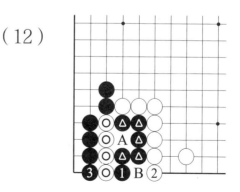

黑 1 贴是好棋，因 A
位、B 位白均不入气，黑
3 得以快一气杀白。

扑的妙用

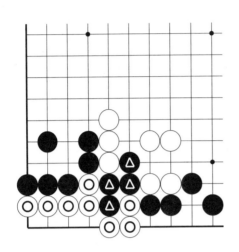

黑▲子与白◎子之间杀气，黑先，黑能成功吗?

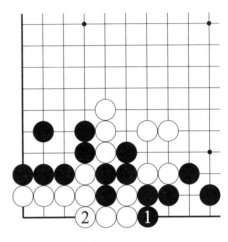

黑要是只知道如本图黑 1 这样打吃，黑明显慢一气。

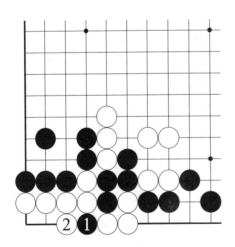

黑 1 先扑，逼白 2 提，便能有效地缩短白棋一气。

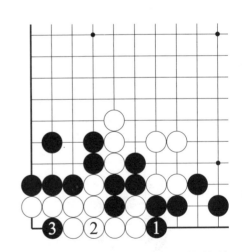

之后再黑 1、3 连打，就能快一气杀白了。

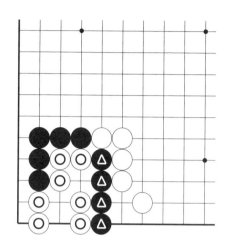

仍是黑❹子与白◎子之间杀气，黑先，黑能成功吗？

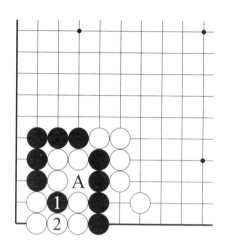

黑1扑巧妙，白2不能在A位接，故只能提，接下来黑再于A位吃，黑就能快一气了。

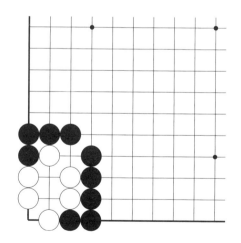

扑有时候也是破眼的有效手段。如本图，黑能不让白做出第二只眼吗？

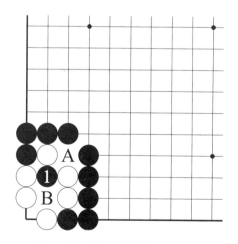

黑1扑巧妙，白若A位接黑可B位提，所以白只能B位提，黑再A位打，白棋的第二只眼就被扑掉了。

练习题

以下各图均为黑先，能在黑⚫子与白◎子的对杀中获胜吗？

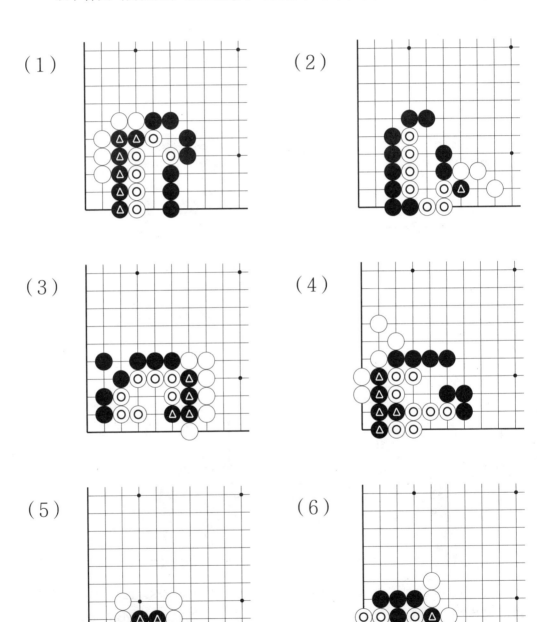

（1）

（2）

（3）

（4）

（5）

（6）

以下各图均为黑先，黑应怎样下？

（7）
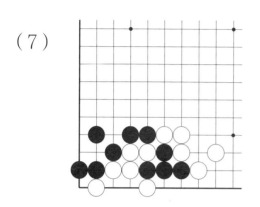

（8）
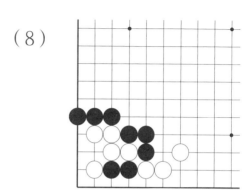

（9）
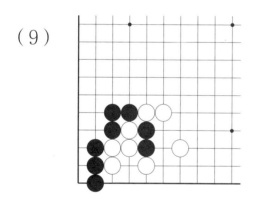

（10）
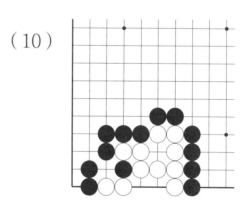

（11）
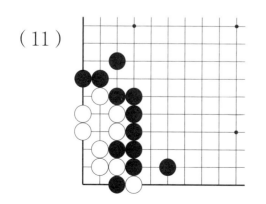

（12）
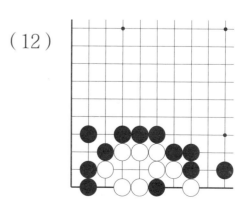

练习题解答

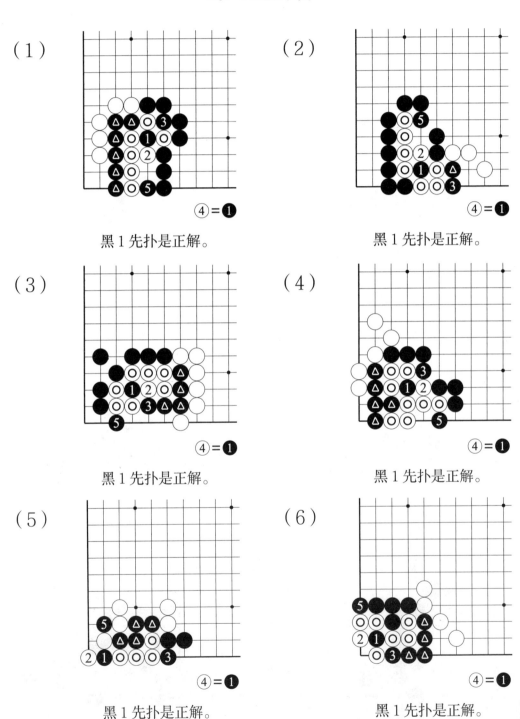

（1）

④＝❶

黑1先扑是正解。

（2）

④＝❶

黑1先扑是正解。

（3）

④＝❶

黑1先扑是正解。

（4）

④＝❶

黑1先扑是正解。

（5）

④＝❶

黑1先扑是正解。

（6）

④＝❶

黑1先扑是正解。

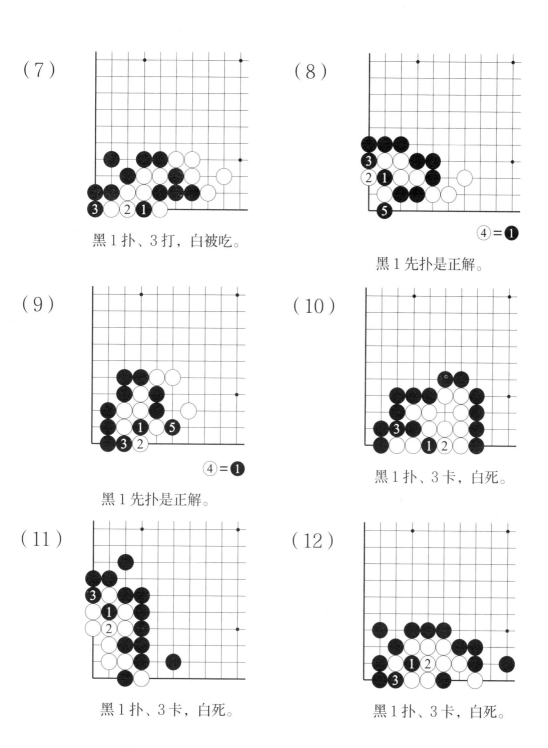

（7）

黑1扑、3打，白被吃。

（8）

④＝❶

黑1先扑是正解。

（9）

④＝❶

黑1先扑是正解。

（10）

黑1扑、3卡，白死。

（11）

黑1扑、3卡，白死。

（12）

黑1扑、3卡，白死。

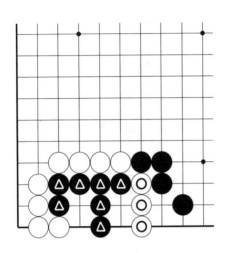

黑▲子与白◎子之间对杀，黑先，该如何下？

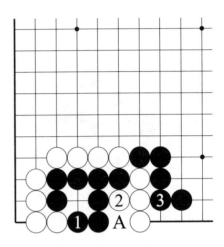

黑1自己做出一只眼，至黑3，白A位不入气，黑胜。

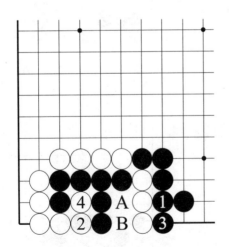

黑1要是直接从外面紧气，至白4成双活，A、B两点谁都不敢入子。

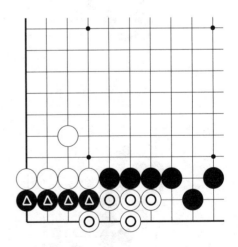

黑▲子与白◎子之间对杀，黑先，该如何下？

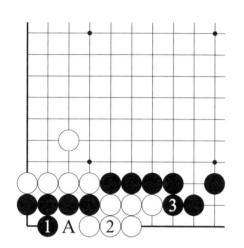

黑 1 缩回来做眼正确，至黑 3，白 A 位不入气，黑胜。

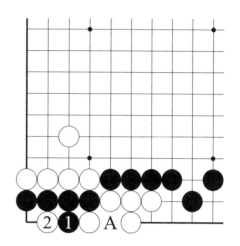

黑 1 若直接挡住做眼，白 2 会打吃，黑只能 A 位提，黑打的还是缓一气劫，黑大亏。

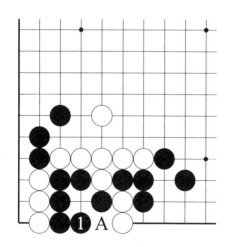

类似的情况还有本图，黑 1 需要缩回来做眼，而不是在 A 位挡。

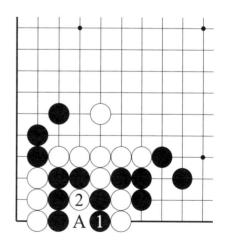

若黑 1 挡，白 2 叫吃，黑棋还不能在 A 位提，只得放任白提四子，随之角里的白三子也死里逃生。

练习题

以下各图均为黑先，能在黑●子与白◎子的对杀中获胜吗？

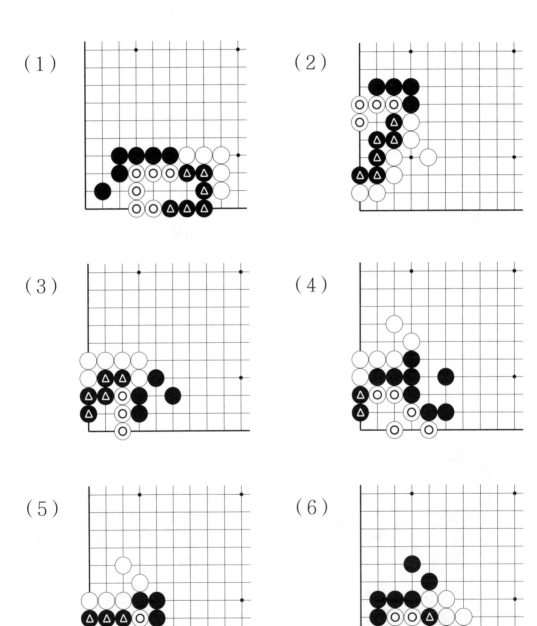

（1）
（2）
（3）
（4）
（5）
（6）

以下各图均为黑先，黑应怎样下？

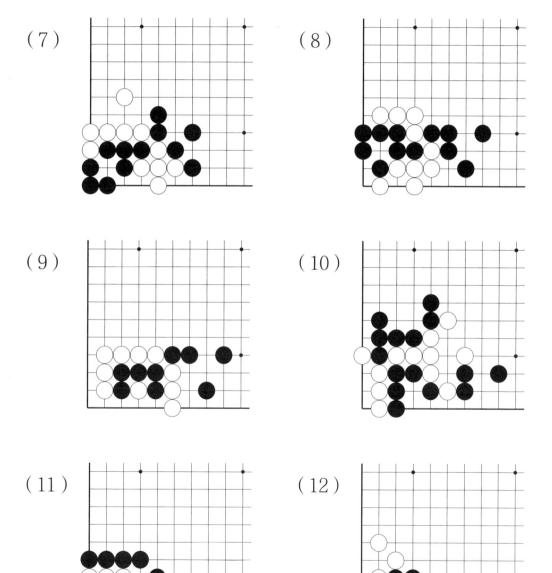

（7）　　（8）

（9）　　（10）

（11）　　（12）

练习题解答

（1）

（2）

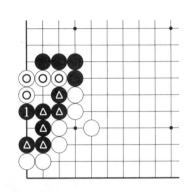

黑1做眼，至黑3，黑杀白。

黑1做眼，黑杀白。

（3）

（4）

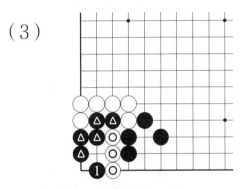

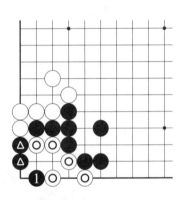

黑1做眼，黑杀白。

黑1做眼，黑杀白。

（5）

（6）

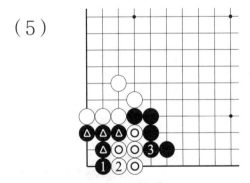

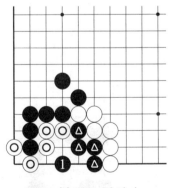

黑1做眼，至黑3，黑杀白。

黑1做眼，黑杀白。

（7）

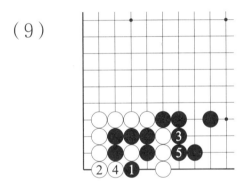

黑 1 正确，避免白在
1 位抛劫。

（8）

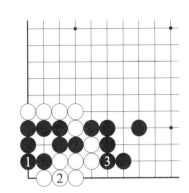

黑 1 避免白抛劫。白
2 接是没有用的。

（9）

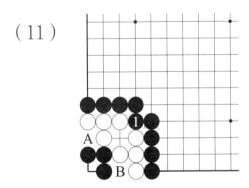

黑 1 提一子正确，至
黑 5，黑杀白。

（10）

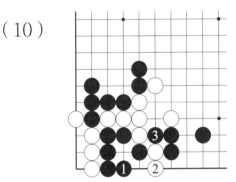

黑 1 圆眼正确，其后
2 位和 3 位黑必得其一。

（11）

黑 1 不让白棋成眼，
以后 A 位和 B 位白永远也
入不了气。

（12）

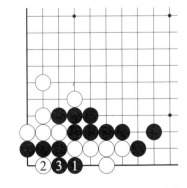

黑 1 在自己成眼的同
时去掉白棋的眼。白 2 是
徒劳的。

32. 手筋

　　围棋中的一着棋，又可称为一手棋。在一手一手棋之中，最为紧要的一手或几手棋，既巧妙又出人意料，而且达到了意想不到的满意效果，可称之为手筋。要是用最简洁的语言解释，手筋就是巧妙的手段。

　　手筋的作用在于击中要害。发现并使用手筋，也有一个从易到难的过程。这需要我们在实践中进行长期不懈的努力，争取早日具备非凡的感觉和周密的计算能力。

　　手筋可出现在全局的各个阶段，具有很高的实用价值。下面要提到的，基本上都是很简单的手筋，而且偏于对杀的手筋这一类别。

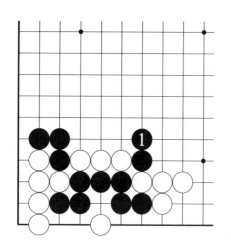

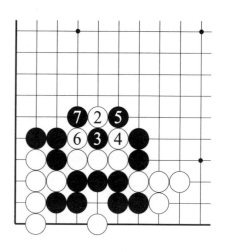

　　黑 1 长可谓最简单的手筋，一下子把白三子关住。黑 1 虽然没有直接紧气，却比直接紧气的法子要灵。

　　接左图，白 2 试图逃跑，黑 3 挖进去，以下至黑 7，白接不归。这种形状叫"乌龟不出头"。

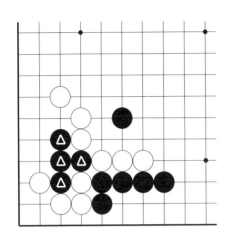

本图黑需应用的手筋叫"大头鬼"。黑先，能把四个△子救出来吗？

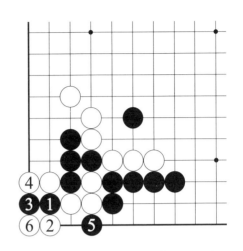

黑1断，抓住了要害，以下至白6是必然下法。

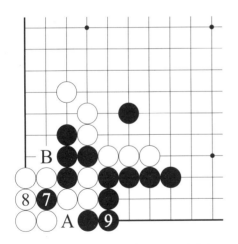

黑7扑，白8提，现在黑9接，准备在A位伸进去打吃。白棋能在A位团住吗？当然不能。那样的话，黑下B位紧气，白全死。

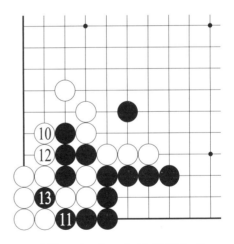

于是，白10、白12只得如此，黑13得以提白三子。

练习题

以下各图均为黑先，黑有何手段？

（1）

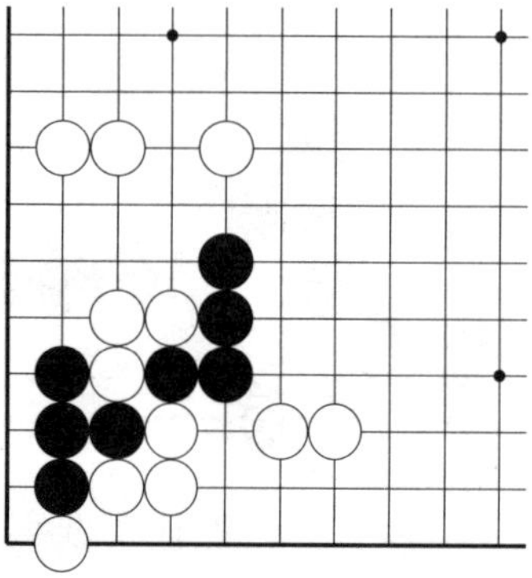

（2）

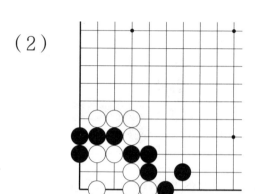

（3）

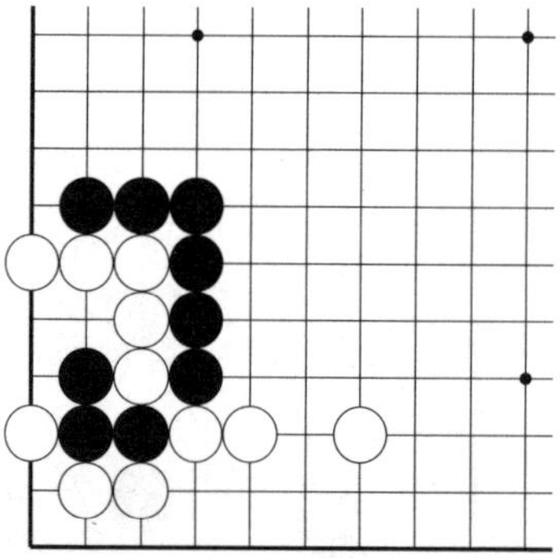

（4）

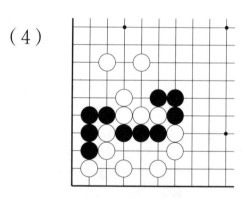

（5）

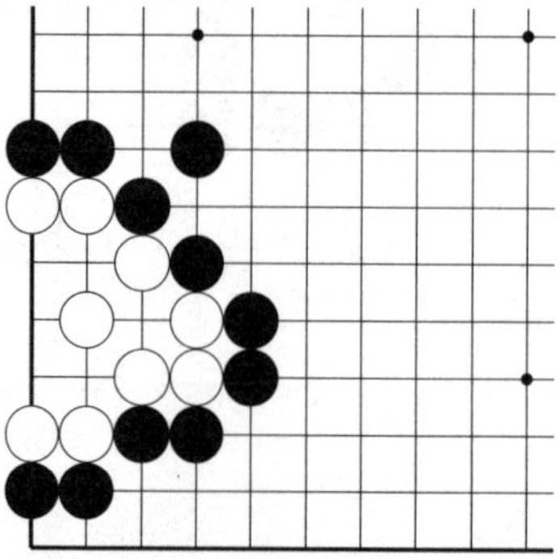

（6）

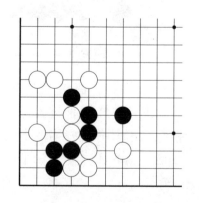

以下各图均为黑先，黑有何手段？

（7）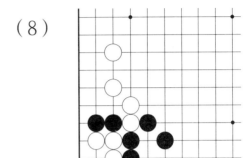

（8）

（9）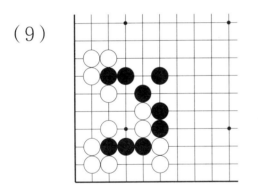

（10）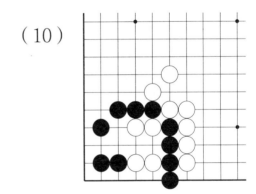

（11）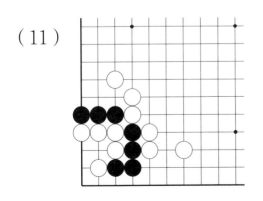

（12）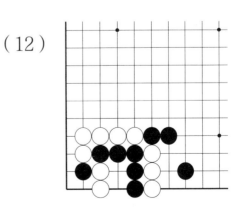

练习题解答

（1）

黑1、黑3快一气杀白。

（2）

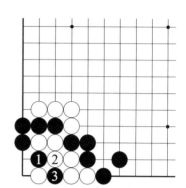

黑1要是在2位打吃
就错了。

（3）

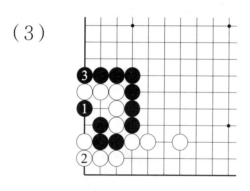

黑1尖，一锤定音。

（4）

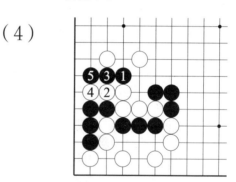

黑1顶，是此时的唯
一手段。

（5）

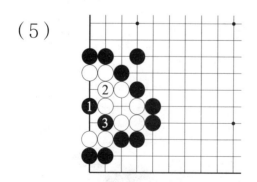

黑1后，形成了一个
有趣的双倒扑。

（6）

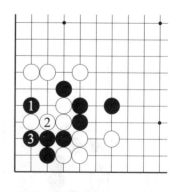

黑1搭，作为"棋筋"
的白二子已逃不掉。

（7）

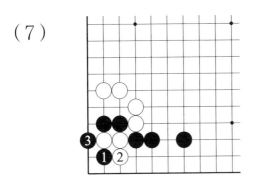

黑1夹，属常用手段。

（8）

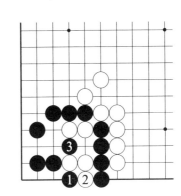

黑1点，属常用手段。

（9）

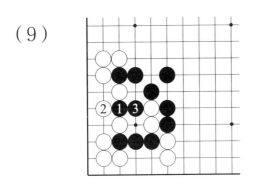

　　黑1挤，可吃了断开黑棋的白二子。

（10）

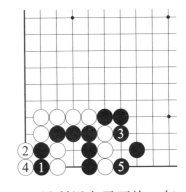

　　黑1扳妙，其后黑3吃接不归。

（11）

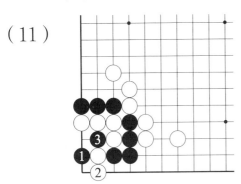

　　你想到黑1这一点了吗？接下来2位和3位黑必得其一。

（12）

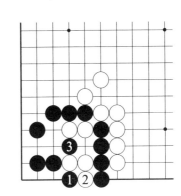

　　黑利用弃子可快一气吃白右侧三子。

33. 收官

收官指终局前对小的地方进行争夺的阶段。

有人做过统计，在通常二百多手的一局棋中，有一百多手是在收官，也就是说，收官阶段经常占到一局棋中一半以上着数。尤其当中盘战后双方形势仍混浊不清时，收官更具有决定性的意义。

收官也是一门学问，其中深藏着独有的奥妙。高手间对局，由官子决定胜负的场面极多。一般来说，官子强的棋手胜率就高，这已被实践多次证明。

计算官子，首先要有目的概念。目是判断价值大小的计量单位。简单地说，就是围起一个交叉点为1目，提起对方一子或吃住对方一子为2目。

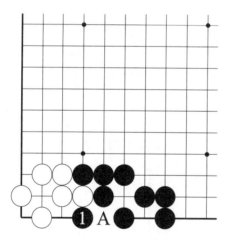

黑1自身未增目，但阻止了白下1位成1目，故黑1的价值是1目。黑1若下A位，便没有起到阻止白成目的作用，则价值是零目。在围棋里，把没有目的棋称单官。

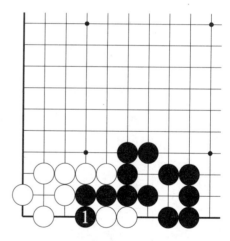

黑1吃住白两子，同时还围住一个交叉点，价值是5目。收官时应对各处官子的价值心中有数，先从最大的官子收起，收完大官子收小官子，最后才是单官。

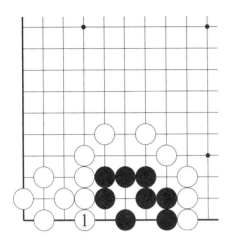

白1自己围1目，白1是后手，故而可称白1为后手1目，其价值也就是1目。

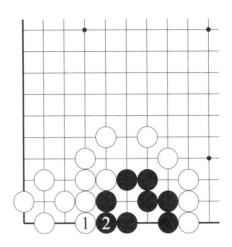

白1自己围1目，但白1是先手。通常先手官子的价值要加倍计算，白1的价值便从原来的1目变成了2目。

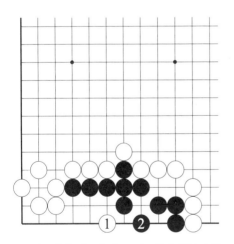

官子分先后手，先手官子还分单方先手和双方先手。本图属于白单方先手。白1大飞，黑2非补不可，白自身虽没增目，但使黑地缩减为2目。这种单方先手的官子，一般来说先手方总能走到。

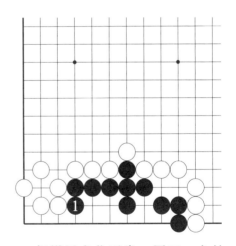

但棋局变化无常，属于一方的先手官子也可能被另一方先走到，这种情况叫"逆收"。黑1就是逆收，使黑地增为8目。逆收官子的价值等同于先手官子。不管左图白1大飞，还是本图黑1逆收，其价值都是12目。

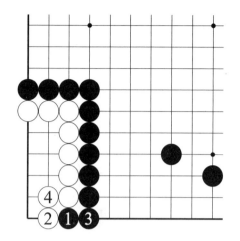

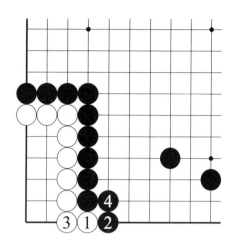

本图的官子属于双方先手。黑1、黑3扳粘是先手，使黑地多2目、白地少2目。

白1、白3扳粘也是先手，使白地多2目、黑地少2目。谁抢到这里的官子，等于白捡了4目的便宜。

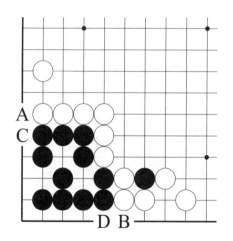

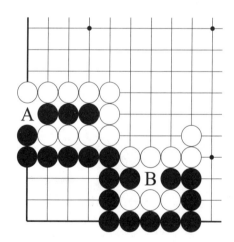

收官时出现的两个价值完全相等的官子叫对应官子。本图黑可在A位或B位扳粘，白也可在C位或D位扳粘，这两个官子对双方来说都是后手2目，这就是对应官子。

A位和B位的官子价值都是6目，也是对应官子。类似这样的对应官子，双方都不必忙于去占，总是你一个我一个，更大的官子也是一样。

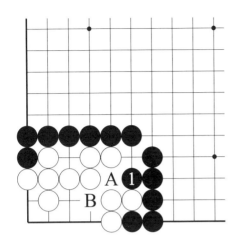

黑1后手破白 1 目，但由于有后续手段，故价值要提高。以后黑 A 是先手，白须 B 位接，这样可判定黑1实际价值是 2 目。

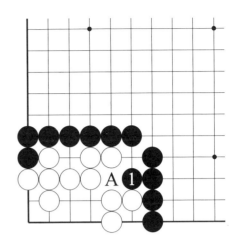

黑 1 后虽然也存在着 A 位的后续官子，但此时下 A 位不是先手，以后占 A 位的可能性双方各半，故黑 1 的实际价值是 1 目半。

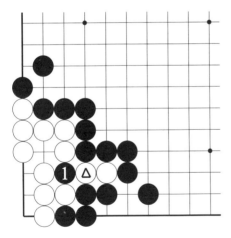

黑 1 提两子的价值是多少？若白△位回提，黑是先手 1 目；以后若黑在△位粘，此处黑共得了 3 目，但后续多得 2 目是后手，且黑只有一半权利。不管怎么算，黑 1 的价值都是 2 目。

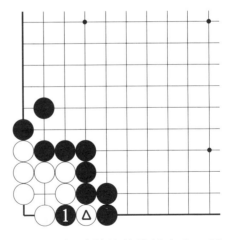

黑 1 提单劫的价值是多少？黑 1 提后，白要劫胜还需两手棋（提劫、粘劫），而黑只需一手棋了（在△位粘）。此处官子总共不过 1 目，所以答案应该是，黑 1 的价值是2/3目。

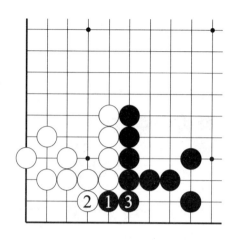

很多边角上的官子，看似很小，实则挺大。通常二路扳粘都是很大的官子。本图是价值最小的二路扳粘，出入是 6 目。

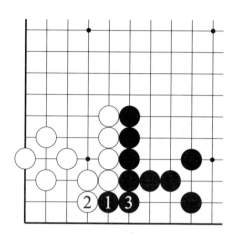

本图黑 1、黑 3 扳粘的价值有所提高。由于存在着单方先手一路扳粘的后续官子，不管谁在此处二路扳粘的价值都是 8 目。

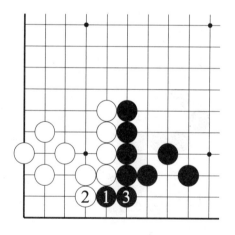

本图黑 1、黑 3 扳粘的价值又提高了。由于此处双方的二路扳粘都存在着先手一路扳粘的后续官子，故二路扳粘的价值成了10目。

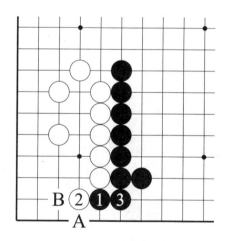

本图黑 1、黑 3 扳粘的价值再次提高。由于以后黑在 A 位扳时，白只能 B 位退，白地又被多破 2 目，故二路扳粘的价值高至12目。

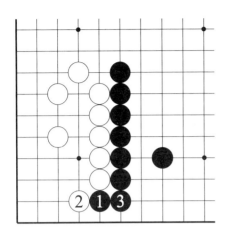

本图黑 1、黑 3 扳粘的价值又
进一步提高。由于此处二路扳粘
后，双方都有先手在一路扳、爬的
很大的后续官子，故而双方的出入
高达14目。

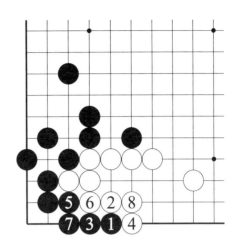

黑 1 大飞，这样收官叫"伸
腿"，也叫"大伸腿"，是很大的
一手棋，实战中经常遇得着。与
白 5 位逆收相比，黑 1 大致先手
7目。

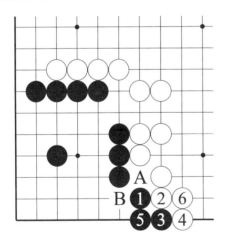

当中盘战告一段落时，首先应
考虑的官子多推二线上的小尖。本
图黑 1 小尖，白 2 挡，黑 3、黑 5
又先手便宜，今后白 A、黑 B 应看
作白的权利。

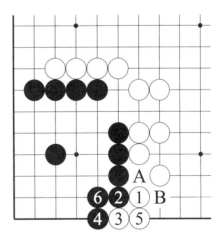

若白 1 抢先小尖，黑 2 也只
好挡住，白 3、白5 也可再先手便
宜。自然，今后黑 A、白 B 是黑的
权利。抢到双先的二路小尖一方，
顺手白捡到 6 目便宜。

34. 局终数子

　　一盘棋未及数子，一方便认为自己明显不行了，遂主动认输，这盘棋便随之结束，称胜方为"中盘胜"。如果双方都没认输，棋就要持续走下去，直至收完最后一个单官，对局方告结束。这时就要通过数子，以双方所占子数的多少来决定胜负。

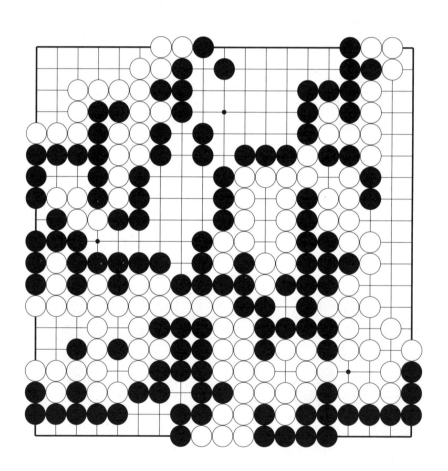

　　这是一盘棋局终时的盘面。这盘棋杀得还是蛮精彩的，黑子和白子交错在一起，双方在盘上都有不少死子。好多初学者对数子这件事感到头疼，也是，盘上的棋子杂乱无章，该从何下手呢？

在对子局中，即在分先的对局中，由于黑棋先走占了便宜，所以人为作出规定，黑方局终时要贴若干子给白方，现在规则规定的贴子数是3又3/4子。也就是说，局终数子时，黑棋子数要超过184又1/4（180个半+3又3/4）才算赢，白棋只要超过176又3/4子就赢了。

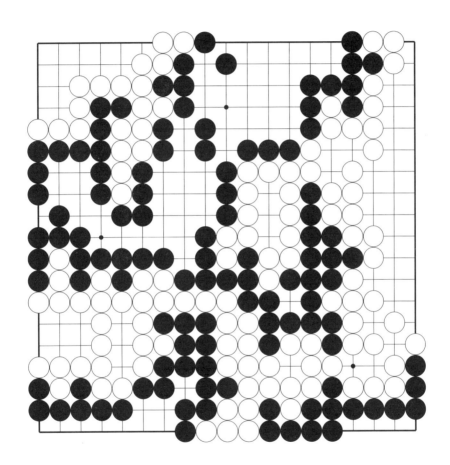

数子的第一步是先把死子从盘上取出。最好一个人动手，另一个人在旁边看着，免得出差错。本图是把双方死子拿掉后的盘面。

数子的第二步是做棋。可以做黑棋，也可以做白棋，没有一定之规。通常是看哪方的棋好做（成块状或依边角）就做哪方的，做了哪方的棋也就是要数哪方的子。

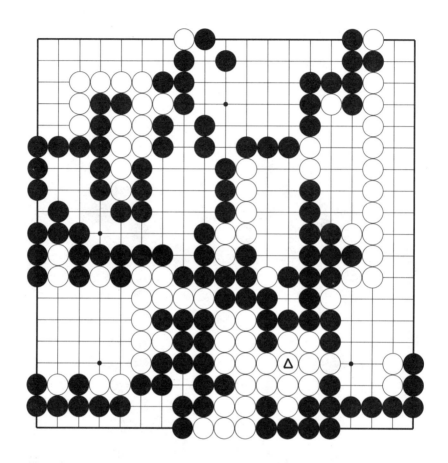

本图做的是白棋。做棋前要先用眼睛看好哪里能做出多少子，避免摸摸这个、动动那个和随意换来换去。图中白在左上做出20子（两个5×2），左下做出20子（一个5×4），右边做出30子（一个15×2），右侧还做出30子（三个5×2），加在一起刚好是100子。做棋之中，要注意把白棋的零散空用白子填上，例如⊿位原是白的散空，现已填实。

数子的第三步就是数盘上剩余的散子了。在数散子之前，应将盘外所有的白子统统装入棋盒，以免和盘上的白子混淆。数散子也要10个一堆地摆放好，最后一堆是零头。现在，白散子共数出79个，总计为179个。

如果是分先对局，本局的结果是白胜2又1/4子。